西安小史丛书

历代陵墓

杜文玉 主编

王丽梅 著

西安出版社

图书在版编目（CIP）数据

历代陵墓 / 王丽梅著. -- 西安：西安出版社，2018.1（2021.4重印）
（西安小史丛书）
ISBN 978-7-5541-2962-3

Ⅰ. ①历… Ⅱ. ①王… Ⅲ. ①陵墓－介绍－西安 Ⅳ. ①K928.76

中国版本图书馆CIP数据核字（2018）第023266号

西安小史丛书·历代陵墓
XI'AN XIAOSHI CONGSHU · LIDAI LINGMU

主　　编：	杜文玉
著　者：	王丽梅
统筹策划：	史鹏钊　范婷婷
责任编辑：	张增兰　邢美芳
责任校对：	张忝甜
装帧设计：	冯　波　梅月兰
出版发行：	西安出版社
地　　址：	西安曲江新区雁南五路1868号影视演艺大厦11层
电　　话：	（029）85253740
邮政编码：	710061
印　　刷：	永清县晔盛亚胶印有限公司
开　　本：	889mm×1194mm　1/24
印　　张：	6.25
字　　数：	94千
版　　次：	2018年1月第1版
印　　次：	2021年4月第2次印刷
书　　号：	ISBN 978-7-5541-2962-3
定　　价：	52.00元

读者购书、书店添货或发现印装质量问题，请与本公司营销部联系、调换。
电话：（029）68206213　68206222

序一

坊间以西安或长安历史为题的著述多矣,为何还要编写并出版这样一本"小史"?这是我在阅读《西安小史》书稿之前心中的一个疑问。可是读完之后,却有了新的认识。

长安作为历史上最具盛名的都城,其特色鲜明,内涵丰富,为世所公认。即便从世界范围看,能够与之媲美的,也不多见。古代长安曾经集中了中国文化的精华,或者说,曾经是中华文化的典型代表。无论是其思想内容,还是其表达形式,皆堪称典范。要理解中国的历史及其同世界其他地区文明的关系,特别是解读中国制度文化的历史,离开了长安这座伟大的城市,恐怕是很难找到正解的。我们完全可以说,在当代中国,地理位置居中但在感觉上略为偏西的西安,其实是理解中国传统与文化的一把钥匙,从某种意义上说,也是理解当代中国的关键之一。由于这样的历史地位和对于人类文化发展的贡献,有很多人为其著书立说,自是理所当然。

然而,我们能够读到的关于长安或西安历史文化的书籍,还是以严肃的研究类著述居多。这样性质的论著,对于学术研究的进步当然是很好的。可是,如今社会,有很多普通的民众,对中国文化的来龙去脉以及如何一步步走到今天并不清楚。要回答这样的问题,学者们就应当基于严谨的学术态度,而用通俗易懂的语言,将历史的真实告知世人,从而显著地缩小当代与历史的距离,培育并增进那种本应得到继承,然而事实上却有些淡漠甚至可以说睽违已久的民族历史情感。

在我看来，这正是谦逊地自名为"小史"，内容却丰富多彩的读物所承载的使命。读完之后，我掩卷而思，甚感作者用心之良苦、匠心之独运。作者是专业人士，学养深厚。有此基础，故全书概念准确、内容丰富、取舍得当，读来令人饶有兴味。一卷在手，费时不多，古长安之历史兴衰及其对于当代的影响，可以有个初步的认识，这一点，是毋庸置疑的。

然而我还要特别指出，本书与许多类似的著述所不同的两个特点：

第一，近代以来，随着社会的变迁，长安文化在许多人看来不过是一种久远的历史存在。当然，国人和世界都不会不注意到古代长安的文化遗存，但注意力更多地停留在物质的或外在的表现方面，长安文化的精神与核心却往往是被忽视的。然而本"小史"却非常重视对内在精神文化的解读，虽笔墨不多，用语也并不佶屈聱牙，然有其深意在焉。我们知道，历史上所有伟大的城市，之所以千古留名，从根本上说，是因其体现了某种足以反映时代特征的伟大思想和精神。我们说起长安，就会情不自禁地联想到汉唐气象，这说明长安具有有别于其他古代城市的特殊精神气质。而其空间格局和建筑的样式等等，只不过是其思想与精神气质的外在表现，是思想与精神气质的物化。这一点，如果本书的读者稍加留意，是一定会注意到的。

第二，本书作者在娓娓道来之中，给自己确定了一个相当高的学术品格。这个品格除了以严谨的态度尊重历史事实之外，还体现为其视野和胸怀。我曾在另外一个场合说过，长安学的研究应当遵循一个基本原则，即要有历史起点、当代情怀和世界眼光。所谓世界眼光，是说解读长安或西安的历史，必须要超越今日西安的空间范围。换言之，我们不能坐井观天，而必须换个角度回望自己的历史。舍此，我们其实无法准确地解读长安或西安在中国历史甚至世界历史上的地位与影响。我相信，如果读者明白了这一点，就不会对本"小史"中的某些内容远离关中中部这个相对狭小的地理空间而感到诧异了。

总之，这是一套好书，我愿意向各位郑重推荐。我相信借助此书，我们一定能够同作者一起，分享根植于我们灵魂深处的对于西安、对于祖国、对于人类文明的深厚情感。

萧正洪

（中国古都学会会长）

2015 年 7 月 30 日

序二

西安古称长安，是我国乃至世界著名的古都，历史文化积淀十分深厚，是各国人民来华旅游必赴的目的地之一。为了弘扬陕西及西安悠久的文化、扩大宣传，西安曲江出版传媒股份有限公司组织专家学者撰写了一套名为《西安小史》的丛书，于2016年初正式出版。这套小丛书由六册书组成，分别是《汉长安城》《隋唐长安城》《西安十三朝》《西安历史名人》《西安文化名人》《汉唐丝绸之路》等，从宏观的角度向广大读者介绍了西安的地理、历史、文化以及以长安为起点的汉唐丝绸之路的情况。丛书涉及了近三千年的历史发展变化情况以及众多的历史人物，其中有许多著名的甚至具有世界影响的人物，反映了不同历史时期西安在文化方面所取得的辉煌成就。这套丛书出版以后，引起了热烈的反响，获得了专家学者以及广大读者的好评。

由于西安地区历史文化积淀深厚，一套丛书远远不能反映其历史的全部情况，同时受《西安小史》成功的激励，西安曲江出版传媒股份有限公司遂决定继续扩充这套丛书，仍由我担任主编。这一期《西安小史》每册书反映一个主题，其主要内容如下：

《明清西安城》：主要记述了明初西安城的扩建以及明秦王府城的建立、城市内部格局的变迁，如钟楼的移建、鼓楼的兴建、增筑关城，及首次形成门三重、楼三重的严密防御体系；清代对城墙的多次修葺工程，以及对护城河的多次疏浚，满城的修建，军政机构的兴置等。除此之外，还对这一时期西安的水陆交通、园林胜迹、文化教育、宗教信仰、商业贸易、对外交流等方面的情况，都有详尽的描述。

《文物精粹》：由于西安作为中国历史上最为古老亦是建都时间最长的都城，留下了辉煌灿烂的文物珍宝，本册主要选取了其中最有代表性、大都属于国宝级的文物。每件文物作为一个专题，详细地介绍其来历、造型、工艺等，尝试通过文物反映中华民族的悠久历史和灿烂文化，展现了我们祖先高超的手工业制造水平和精湛的工艺技艺，增强民族自豪感。

《寺庙道观》：西安作为我国古代著名的都市，宗教文化十分发达，在历史上有许多世界性的宗教都在这里传播过，除了佛教、道教外，伊斯兰教、火祆教、摩尼教、景教等，都在这里留下了许多遗迹。其中以佛教与道教的遗存最多，对前者而言，西安地区曾是全国的佛教中心，在八大佛教宗派中，六个宗派的祖庭都在西安。至于道教在全国的影响也是很大的，楼观派与全真派都诞生在西安地区，隋唐时期最著名的道观大都集中于西安，曾产生过广泛的影响。其他宗教遗存也很多，如著名的《大秦景教流行中国碑》、大秦寺塔等。本册对这些宗教寺观的起始、沿革、变迁以及建筑特点、所持的宗教理论等，均详细地进行了介绍。

《历史名居》：西安作为十三朝古都，曾经有许多历史名人居住过，留下了不少建筑遗存，即使一些遗迹已荡然无存了，但是其居所的地理标识在今天仍然能够寻找得到。为了追寻这些著名人物的足迹，我们专门策划了这一选题，查阅了大量的历史资料，把历代名居情况作了详细的梳理，并且把围绕这些名居的人物和故事也作了一些介绍。

《历代陵墓》：自周秦汉唐以来，西安地区曾经埋葬了许多帝王将相，有人曾以"东方帝王谷"相称，这些陵墓见证了沧海桑田，也留下了历史的斑斑印记。其中最著名的有黄帝陵、秦始皇陵、汉阳陵、汉茂陵、汉杜陵、唐昭陵、唐乾陵等。此外，还有大量的历史名人墓，如扁鹊墓、白起墓、霍去病墓、董仲舒墓、魏徵墓、上官婉儿墓、郭子仪墓、杨贵妃墓等。即使在两宋、明清时期，西安也有不少名人墓，如寇准墓、张载墓、明秦王墓群、李柏墓、王鼎墓等。本册主要围绕着这些陵墓，对其地理方位、墓葬特点、人物故事，包括陵墓园区内的石质雕塑的艺术特点等，都进行了较为详尽的介绍。

除了以上这些情况外，从总体上来看，这一套丛书还具有以下几个方面的共同特点：

首先，丛书依照《西安小史》的编撰特点，每册书约有百十个条目，每个条目约有数百字，把这一专题的相关内容简明扼要地介绍出来。因此，文字流畅，内容精练，知识性强，是本丛书的鲜明特点。

其次，每册书均收有数十幅非常精美的相关图片，与专题的内容十分切合，有助于读者更加直观地了解相关历史知识。因此，图文并茂，简明易懂，是本套丛书的又一个明显的特点。

再次，知识性强，信息量大。我们这套丛书的作者都是西安地区高等院校、文物考古部门的专家学者，均有博士学历，具有多年的教学或研究经历，在各自的相关领域取得了可喜的研究成果，且年富力强，思想敏锐。他们长期在西安当地工作，对本地的历史文化有着透彻的理解，掌握了丰富的资料，承担这套丛书可以说是驾轻就熟、得心应手。这也是我们对这套丛书有信心取得成功的一个重要原因。

需要指出的是，本套丛书与相关学术著作有着很大的不同，除了都强调科学性、知识性外，简明扼要，追求历史文化知识的普及性，最大限度地为广大读者服务，促进西安地区旅游事业的发展，弘扬我国悠久的历史与文化，是我们的重要目的。

杜文玉

（中国唐史学会副会长、陕西师范大学教授）

2017 年 11 月 17 日

目录

史前时期

黄帝陵.................1

仓颉墓.................3

西周时期

周文王、武王陵.................5

周穆王陵.................6

周幽王陵.................7

春秋战国

郑桓公墓.................8

秦穆公墓.................10

秦公一号大墓.................11

秦昭襄王墓.................13

秦庄襄王墓.................14

夏太后墓.................15

老子墓.................16

扁鹊墓.................................... 17

白起墓.................................... 18

王翦墓.................................... 20

秦汉时期

秦始皇陵.................................. 21

秦二世陵.................................. 23

汉高祖长陵................................ 24

汉惠帝安陵................................ 26

汉文帝霸陵................................ 27

汉景帝阳陵................................ 28

汉武帝茂陵................................ 30

汉昭帝平陵................................ 32

汉宣帝杜陵................................ 33

汉元帝渭陵................................ 35

汉成帝延陵................................ 36

汉哀帝义陵................................ 37

汉平帝康陵................................ 38

吕后墓.................................... 39

薄太后墓.................................. 40

陈平墓.................................... 41

娄敬墓 42

萧何、曹参墓 43

陆贾墓 45

周勃墓 46

戚夫人墓 47

董仲舒墓 48

张汤墓 50

张安世墓 51

李夫人墓 52

卫青墓 53

霍去病墓 54

金日䃅墓 56

司马迁墓 57

苏武墓 58

霍光墓 59

马援墓 60

三国两晋南北朝

前秦世祖苻坚墓 62

西魏文帝永陵 63

北周武帝孝陵 64

3

隋唐时期

隋文帝泰陵 66

隋恭帝庄陵 67

牛弘墓 68

唐太祖永康陵 69

唐世祖兴宁陵 70

唐高祖献陵 71

唐太宗昭陵 73

唐高宗、武则天乾陵 75

唐中宗定陵 78

李重俊墓 79

唐睿宗桥陵 80

唐玄宗泰陵 82

唐肃宗建陵 84

唐代宗元陵 85

唐德宗崇陵 86

唐顺宗丰陵 88

唐宪宗景陵 89

唐穆宗光陵 90

唐敬宗庄陵 91

唐文宗章陵 92

唐武宗端陵 94

唐宣宗贞陵 95

唐懿宗简陵 96

唐僖宗靖陵 97

懿德太子墓 98

章怀太子墓 100

长乐公主墓 102

永泰公主墓 103

长孙无忌墓 104

房玄龄墓 105

尉迟敬德墓 106

魏徵墓 107

李勣墓 109

韦贵妃墓 111

上官婉儿墓 112

韩休墓 114

杨贵妃墓 115

高力士墓 116

顺陵 117

杜氏墓群.................................. 119

颜氏墓群.................................. 120

五代、两宋时期

秦王李茂贞墓.............................. 121

陶谷墓.................................... 122

寇准墓.................................... 123

张载墓.................................... 124

吕氏家族墓................................ 126

明清时期

明秦王墓群................................ 128

张氏家族墓................................ 129

李柏墓.................................... 130

李因笃墓.................................. 131

王鼎墓.................................... 132

后记...................................... 133

史前时期

黄帝陵

　　黄帝，原姓公孙，因居于姬水，遂改姓姬，号轩辕。他是中国远古时期的部落首领，凭借自己非凡的智慧和才能，率领部族统一了黄河中下游各部落，最终形成华夏民族。传说黄帝实行了一些有利于社会经济发展的措施，诸如驯养家畜、建筑房屋等。还有很多发明创造出自黄帝之手，涉及衣

黄帝陵碑

食住行、典章制度、风俗习惯等诸多领域，比如创制车船、陶器、弓箭、文字、音律、医术、算术、礼法、嫁娶等。黄帝的妻子嫘祖教人养蚕，制作衣裳，后人尊她为"先蚕娘娘"。人们将这些发明创造归于黄帝，尽管不完全符合史实，但从一定程度上反映了黄帝在人们心目中的地位，黄帝成为传说中的"人文始祖"。

黄帝陵号称"天下第一陵"，位于陕西省黄陵县城西北1千米的桥山上，又称"桥陵"。陵冢坐北面南，高3.6米，周长48米。陵前立有一通明代石碑，上书"桥山龙驭"4字。再前有一祭亭，内立"黄帝陵"碑，为郭沫若手书。陵区东侧碑廊珍藏历代帝王御制祭文碑57通，陵区西侧立有香港回归纪念碑和澳门回归纪念碑。

供奉黄帝的正殿即"人文初祖大殿"，内有墨玉刻制的黄帝浮雕像。纪念亭内陈列了孙中山、蒋介石、毛泽东、邓小平等中国近现代领袖人物的题词。陵园外正南方有汉武仙台，是汉武帝祭祀黄帝时所筑。

桥山脚下有黄帝庙，占地8000多平方米，始建于唐，历代多次重修。院内有古柏14株，其中黄帝手植柏高20多米、直径11米，挺拔而茂密，相传此柏为黄帝亲手种植，历经5000年岁月，堪称世界柏树之冠。

黄帝陵是中华民族共同的精神象征，自汉武帝在陵前筑台祭祀以来，历代都有人祭祀黄帝陵。1937年清明节，中华苏维埃共和国临时中央政府祭奠黄帝陵，毛泽东亲自撰写了祭文。1942年，国民党军事委员会委员长蒋介石题写"黄帝陵"，刻成石碑，置于黄帝陵墓之前。新中国成立后，祭祀规模更大，祭祀仪式也更隆重，不少华人到黄帝陵寻根问祖。

如今，黄帝陵依山傍水，古柏茂盛。新建的轩辕殿雄伟壮观，祭祀大院可以同时容纳5000人举行祭祀大典。每年清明节，黄帝陵都要举行隆重的仪式祭祀轩辕黄帝，以弘扬中华民族优秀文化和传统道德，激发炎黄子孙的爱国之情。

仓颉墓

传说仓颉是黄帝时期的史官，面长四目，天生睿德。他观察鸟兽的足迹，根据其形象创设了最早的文字，改变了当时结绳记事的落后状态，开创文明之基，被尊奉为造字圣人，是为"文祖"。

仓颉墓位于陕西省白水县史官镇。墓冢呈圆形封土，周围有3米高的砖花墙。据史书记载，早在东汉延熹五年（162）即已建庙并立"仓颉庙碑"。仓颉庙占地17亩，基本呈长方形，南北长140余米，东西宽约48米。前部为祭祀区，后部为墓冢。庙门向南，沿中轴线由南至北依次为照壁、山门、东西戏楼、前殿、钟鼓楼、报厅、正殿、后殿（寝殿）及东西厢房，紧贴后殿为仓颉墓冢和墓园。北宋嘉祐年间（1056—1063）曾对仓颉墓及庙进行维修，庙内现存建筑年代多为元、明、清三朝代，其装饰华丽，地方色彩浓厚。

仓颉庙内历代碑石众多，虽经战乱多有散失，现保存的仍有18通，阵列于前殿之内。庙院内古柏参天，郁郁葱葱，令人称奇，与陕西黄陵、曲阜孔庙的古柏并称为中国三大古庙柏树群。46棵古柏，皆年代久远，最年幼的距今也有

仓颉手植柏

2800多年的历史。最古老的一棵当属"仓颉手植柏",高达17米,树围7.25米,树龄有5000多年,被命名为"奎星点元"。此外,墓顶有一转枝柏,堪称奇观。此柏分4个枝,分别指向东、南、西、北4个方向,哪一方枝繁叶茂,则预示此方向风调雨顺、庄稼丰收;相反,哪一方树叶枯萎,则预示着此方向即将遭遇旱灾。可惜的是,"文革"期间,这棵柏树被毁。仓颉墓东门顶端半圆形的砖雕刻着国民党的青天白日旗,"文革"时,当地的百姓用泥石灰将青天白日旗涂抹起来,并在上面画了毛泽东的头像,因此这块砖雕得以保存至今。

西周时期

周文王、武王陵

在渭河北岸,陕西省咸阳市渭城区周陵乡有两座陵墓,二陵南北相距约180米,自宋代以来,一直被误传为周文王和周武王之陵。两座陵前分别立有清朝乾隆年间陕西巡抚、著名学者毕沅手书"周文王陵""周武王陵"的石碑各一通,后人更确信此二陵为周陵。"周陵"南建有祠堂,经明、清增建、修葺,颇具规模。祠占地面积约1800平方米,坐北朝南。中轴线自南至北依次为文王坊、戏楼、献殿、过殿、后殿,两侧有东西厢房,内嵌明清以来御制祝文碑碣30多通。但是,经过考古专家研究证实,此陵并非真正之周陵,毕沅所立的陵碑有误。战国以前,人们崇尚节俭,不建后世那么高大的陵墓,"不封不树",即墓地不封土堆、不种树木。墓中也无多少金银财宝。而周陵乡之二陵封土均为覆斗形,有高大的坟丘,这与周朝葬制完全不符。经过考证,周文王陵乃是秦惠文王之"公陵",周武王陵乃是秦悼武王之"永陵"。2007年,陕西省考古研究院和咸阳市考古研究所对"周陵"进行了全面的考古勘探,发现了6处建筑遗址、27座外藏坑、161座陪葬墓。

那么，真正的西周王陵应该在哪里呢？据《史记》记载，周文王和周武王葬于毕，毕大抵在今天的西安市长安区与咸阳之间的渭水南北。但是，由于周人"不封不树"，很遗憾至今还没有发现西周王陵的神秘踪影。

周穆王陵

周穆王（约前1054—前949），姓姬，名满。他是周昭王之子，西周第五位君主，也是西周在位时间最长的君主。史书记载其在位55年，享年105岁。他在位期间，社会发展，周游天下，两征犬戎，征伐西南，是中国古代历史上最富于传奇色彩的帝王之一，世称"穆天子"。

西安市长安区祝村乡恭张村村南，有一夯土台，封土原呈覆斗形，由于长期取土，已不太规则，现东西最长边约18米，南北最长边约35米，高8米。这就是传说中的周穆王陵。清朝乾隆四十一年（1776），陕西巡抚毕沅在陵前竖一石碑，上书"周穆王陵"4个隶书大字。1957年，周穆王陵成为陕西省重点文物保护单位。

事实上，经过多次勘察，特别是1986年4月，该陵被盗掘，墓室顶部被挖开，呈现出砖砌的穹隆顶，穹隆顶下面为方形前厅，其北为后室，东西有侧室，根据墓室形制、砖及封土分析，此墓确系汉代墓葬，并非周穆王陵。周穆王死后究竟葬于何处，史无明确的记载。此墓什么时候被误传为周穆王陵，无从考证。

周幽王陵

周幽王（？—前771），姓姬，名宫涅。西周末代君王，在位时昏庸严酷，不理朝政，沉迷酒色，任用虢石父执政，加重剥削，加之地震、旱灾等，致使国力衰竭，民不聊生。继位时，关中一带发生大地震，加以连年旱灾，使民众饥寒交迫、流离失所，社会动荡不安。政局不稳，生产凋敝，国力衰竭，他不思挽救周朝于危亡，奋发图强，反而重用佞臣虢石父，盘剥百姓，激化了阶级矛盾；又对外攻伐西戎而大败。不惜宠褒姒千金买笑，点烽火戏弄诸侯，致使诸侯怨恨，不肯为王室效力。公元前774年，周幽王废嫡立庶，废掉申后与太子宜臼，改立宠妃褒姒为王后，其子伯服为太子。宜臼逃至申国，由其外祖父申侯联合缯国和西方的犬戎进攻周幽王。周幽王命人点火，各诸侯担心再次被愚弄，无人前来救驾，最终周幽王逃至骊山，为敌所杀。关于周幽王烽火戏诸侯的故事，有学者认为不实，但其为犬戎所杀却是不争之史实。周幽王在位共11年，死后葬临潼，西周灭亡。诸侯们与申侯共同拥立宜臼继位，是为周平王，迁都洛邑，即成周，史称东周。周幽王陵位于陕西省临潼区代王镇宋家村。墓呈圆丘形，南侧因挖土削成直壁。现高6米，底部直径28米。墓前立有"周幽王墓"石碑1通，碑高1米，宽0.6米。《墨子》评论说："暴王桀、纣、幽、厉，兼恶天下之百姓，率以诟天侮鬼，其贼人多，故天祸之，使遂失其国家，身死为僇于天下，后世子孙毁之，至今不息。"司马迁《史记》也多次评价周幽王"无道""淫乱"等。

春秋战国

郑桓公墓

郑桓公（？—前771），姓姬名友，周宣王之弟，是西周时郑国的建立者。周宣王二十二年（前806）姬友分封于都城镐京附近的棫林，后称咸林，在今陕西华县一带，国号为郑，这就是历史上最早的郑国。

周幽王十一年（前771），西北部族犬戎攻破西周都城镐京，周幽王被杀于骊山之下，郑桓公一起遇难，葬于封国之地。

郑桓公墓位于今陕西省渭南市华县西关螺钉厂后院内。郑桓公墓现存墓冢周长10米，高2.1米，历经2700多年风雨，如今仍保存完好。明朝时，墓地还有郑桓公祠及一座功坊，明嘉靖三十四年（1556）腊月，华县发生8级大地震，郑桓公祠及功坊均被毁。明万历年间重新修复，明末又废毁，直至民国时期得以重新修葺。1957年，郑桓公墓被列为省级重点文物保护单位。1988年县文管会与螺钉厂将残留土冢四周用砖砌封，顶部用水泥抹盖，周围栽植树木花草，古墓得到妥善保护。

郑桓公虽然在古郑国为君36年就为周朝殉难，郑国亦随

郑桓公墓

后迁离故地东去，但是郑国在中国历史上留下了深刻的印记，郑桓公墓更是郑国的历史印记。郑桓公也成为郑氏子孙的始祖，每年都有世界各地的郑氏来到郑桓公墓前，祭拜先祖，缅怀祖德。

关于郑桓公的历史评价，司马迁《史记》云："封三十三岁，百姓皆便爱之。"司马贞《史记索隐》中说："厉王之子，得封于郑。代职司徒，缁衣在咏。虢、郐献邑，祭祝专命。"

秦穆公墓

秦穆公（？—前621），姓嬴，名任好。他是春秋时期秦国的第十代国君，公元前659年—前621年在位，春秋五霸之一。

秦穆公即位后为了树立自己的威望，向晋献公求婚，与晋国这一中原强国结成了"秦晋之好"。秦穆公善于用人，先任用百里奚和蹇叔两位贤臣，使秦国国力大增。公元前646年，秦晋交战，晋军战败，晋惠公被俘，秦国的疆土拓展至黄河。秦穆公继续东进，在公元前627年崤（今河南三门峡东南）之战和公元前625年彭衙（今陕西白水东北）之战中，秦国两次被晋军大败。公元前624年，秦穆公亲自督战，秦国最终击败晋国。秦穆公又采用谋士由余的计策，向西发展，给西戎王送去美女，使其迷恋酒色而荒于政事。公元前623年，秦穆公率军突袭西戎，先后灭掉西戎十二国，拓疆千里，成为西戎的霸主。周襄王赐以金鼓致贺，秦国自此更加强大，为日后统一六国奠定了基础。

公元前621年，秦穆公病逝，在位39年，葬于雍城（今陕西凤翔东南）。据史书记载，秦穆公死后，殉葬的人数达到177人，其中有子车氏三兄弟，他们都是秦穆公的良臣，位居大夫。后来，秦国的百姓为子车氏三兄弟唱了一曲凄凉的挽歌《黄鸟》，表达人们对残酷的殉葬制度的不满。

秦穆公墓位于今陕西省凤翔县东南，占地约5000平方米，是陕西省重点文物保护单位。墓园正门为仿古建式油漆彩绘大门，上有"秦穆公墓"4字，门右侧立"秦穆公墓"

石碑3通和文物保护碑1通。其中有清朝著名学者陕西巡抚毕沅篆书"秦穆公墓"4个字的高大碑石。墓冢在院内中心部位，封土呈圆丘形，高约6米，周长约38米。但是，近年来随着考古发掘的新进展，考古人员发现秦穆公墓冢只是秦国雍城内的一座高台建筑。这座夯土高台与秦国其时众多的高台建筑一致，是正方体的内收台阶结构，其性质可能是礼仪性建筑或登高休闲类建筑。

真正的秦穆公墓在哪里，依然是一个尚待解开的谜。

秦公一号大墓

秦公一号大墓位于雍城秦公陵区，是整个雍城秦公陵园中最早发现也是迄今中国发掘的最大的先秦墓葬，位于关中平原之西部、陕西省凤翔县境内，雍水河西面的三畤原。秦都雍城遗址位于凤翔县以南，雍城作为秦国都城长达200余年，有19位国君在此执政，是秦国定都时间最久的都城。在雍城遗址南有秦公陵园，共发现43座规模较大的墓葬。

秦公一号大墓和其他已发现的秦公墓一样，坐西朝东，东西各有一条墓道与长方形的墓室相连，平面呈中字形。大墓全长300米，面积5334平方米，墓室东西长59米、南北宽39米、深24米，是迄今为止中国发掘的最大古墓之一。大墓的主副椁室各有柏木的椁具，主椁的长方形框式结构，是中国迄今为止考古发现时代最早、级别最高、保存完好的"黄肠题凑"。史书记载，古时只有天子才能用柏木椁，并使用"题凑"。秦国的国君使用"黄肠题凑",也说明当时周天子已经失去了控制诸侯的能力。

秦公一号大墓发现了大量的殉人,共计186具,有大量的屈肢葬,非常残忍。这充分反映出春秋战国时期秦国盛行的殉葬制度,也是自西周以来发现的殉人最多的墓葬。椁室南北两侧,各有一个高1.72米、直径0.4米的墓碑,是目前我国发现的最早的墓碑。后世逐渐演变成墓志和墓碑。这一发现也证明了秦人不从周礼、大胆越制的气魄。

秦公一号大墓在历史上经过多次盗掘,但是仍出土了3500多件珍贵文物,还出土了30多块石磬,有铭文200多字,是珍贵的史料,也由此推断出,墓的主人是秦景公。秦景公大墓的发掘证明了秦人乃华夏后裔,其中一个编磬上铭文"高阳有灵,四方以鼐",帝颛顼号高阳,是黄帝的孙子,这与《史记》的记载一致。

秦景公(前577—前537),姓嬴,名石。秦桓公二十八年(前577),秦桓公去世,其长子秦景公继位,治理秦国长达39年,是春秋中后期执政时间最长的一位国君。在他统治期间,秦国的内外政事均取得了重大进展。对外,秦景公将秦国势力不断推向中原。向东将当时最为强大的晋国从河西轰了出去,打开了东通函谷关的道路,还与楚国结盟,战败晋国、宋国,使原本归附于晋国的郑、宋等国归附于楚国。对内,秦景公励精图治,任人唯贤,整顿内政,大力发展经济,使秦国的国力越来越强。

秦昭襄王墓

秦昭襄王（前325—前251），即秦昭王，姓嬴名稷（宣太后芈月的儿子），秦惠文王之子，秦武王之异母弟。秦昭襄王早年在燕国做人质，19岁即位。初期由其母宣太后执政，41年后（前266），秦昭襄王才夺取了政权，宣太后被废黜。秦昭王在位期间，秦国继续扩张。他善于用人，任用魏冉、范雎为相，司马错、白起等为将。采用"远交近攻"的策略，连续击退了六国的合纵进攻，发动了一次又一次的东进战役，夺取了许多重要的战略要地，秦的实力大增。著名的秦赵长平（今山西高平西北）之战就是在秦昭王在位晚期发生的，秦军大败赵军，坑杀赵降卒40万人，此后六国皆弱，秦独强，为秦的统一奠定了基础。公元前256年，秦军攻陷洛邑，俘虏了周赧王，将象征王权的九鼎迁于咸阳，可见秦国实力之强。公元前251年，秦昭王病逝，终年75岁，他在位55年，是中国历史上在位时间最长的国君之一。

关于秦昭王的墓葬，过去很长一段时间人们误以为在陕西蓝田，随着考古发现的进展，现在已经确定位于临潼区的秦东陵一号陵园。秦东陵位于临潼区韩峪乡东部骊山西麓的山坡地带，南起洪庆沟，北至武家沟，总面积约24平方千米。一号陵园依山坡而建，占地面积达82万平方米，共发现了两个"亞"字形大墓，应该是秦昭襄王和他的唐王后的陵墓。秦昭襄王陵墓规模较大，墓室近似方形，东西58米，南北56米，为"黄肠题凑"结构，保存状况较佳。墓葬出土了1件高柄漆豆和3件残漆豆足座，为墓主人身份的确定提供了有力的证明。陵园南北两侧各有一道天然壕沟，东面有一道人工壕沟，相互连接，既有利于排水，又可以保护陵园。陵园内还有陪葬墓和陪葬坑。

秦庄襄王墓

秦庄襄王（前280—前247），即秦庄王，姓嬴，名子楚，本名异人，是秦始皇的父亲。曾经在赵国都城邯郸做质子，期间结识了韩国大商人吕不韦。吕不韦拿出黄金1500两交给子楚，让他结交朋友，扩大势力；又花黄金500两买了许多奇珍异宝，送给子楚父亲最宠爱的华阳夫人，华阳夫人无子，吕不韦就说服她认子楚为子。在吕不韦的帮助下，子楚成为秦国国君。这正是著名典故"奇货可居"的由来。秦始皇在灭六国、称皇帝尊号后，追封庄襄王为太上皇。

史书记载庄襄王死后，葬于芷阳。芷阳是当时秦国一个县，有人考证大概管辖今天的白鹿原。大概自唐以后，人们认为秦庄襄王的陵墓是位于西安市新城区韩森寨村的"韩森冢"，也叫"阳陵"。此冢原占地4公顷，今减少为2公顷，墓冢高约17.3米。已于1956年被陕西省确立为省级文物保护单位。但是，据最新考古资料显示，庄襄王的陵墓并非此处，而是应该位于秦东陵之中。多数考古学者认为，秦东陵四号陵园当属秦庄襄王。四号陵园位于马斜村，与秦昭襄王的一号陵园隔河相对，陵区东起马斜村、西至染房村，总面积20万平方米。陵园内有"亞"字形大墓1座，"甲"字形陪葬墓2座，小型陪葬墓群1处。四周有隍壕，既有天然的也有人工开挖的。大墓地表无封土，东西长278米、南北宽181米，墓室近于正方形，东西56米、南北55米，规模之大可见一斑。

夏太后墓

2014年，在西安市长安区西安财经学院新校区的建设中，发现了一座秦时大墓，被考古人员认定为夏太后的墓葬。

整座陵园占地近17万平方米，南北长550米，东西宽310米。壕沟和城墙，围绕"亞"字形大墓，布局完整。是迄今为止我国发掘的规模最大的战国时期陵园建筑。大墓总长约140米，南北宽约110米，有4条墓道。整座大墓规模宏大，保存完好，是迄今发掘过的"中国第二大墓"，仅次于之前发掘的秦公一号大墓。

陵园内共发现了13座陪葬坑。其中一座车马坑长30米，宽4.1米，深4米。目前清理出安车1辆，挽马6匹，属"天子驾六"的规格。古代只有天子才能使用6匹马拉的车，即"天子驾六"。此外，在其他陪葬坑，亦有"驾六"的规格。这是陕西省首次、中国第四次发现"天子驾六"。由此判断，墓主身份应为天子级别。

此墓历史上遭到大规模的盗掘，但是依然出土了各类文物300多件，包括金、银、铜、铁、玉、陶、珍珠、漆器等各种器物以及麻织品等，非常珍贵。尤其是这里发现的全国首个漆木椟的错金银铜座及铺首，工艺超绝，堪称国宝。

夏太后也就是秦始皇的奶奶，秦庄襄王的生母夏姬。这位夏姬并不是什么了不起的人物，史书对其记载也只有寥寥数笔，作为安国君的夫人，她并不受宠，但她最大的贡献在于生了子楚，即庄襄王。嬴政13岁即位，夏太后成为秦始皇的重要依靠，直到秦始皇20岁的时候，夏太后去世。由于秦国力强盛，加之没有周天子的限制，夏太后以天子的礼制得以下葬。

史载，由于夏太后不是秦孝文王的正室，无法与之合葬，夏太后要求单独葬在杜东，以便"东望吾子，西望吾夫"，因秦庄襄公的墓在芷阳东陵，孝文王的墓在寿陵，如此则一个在其东，一个在其西。

老子墓

老子姓李，名耳，字伯阳，又称老聃，春秋晚期楚国人，是我国古代著名的思想家，是道家学派的创始人。老子早年在东周王朝任史官，掌管史册典籍。据《史记》记载，随着东周王室衰微，老子去往秦国，西行途中，经过函谷关，时任函谷关令尹喜迎请老子至今周至县楼观，斋戒问道，又为老子筑台，请老子著述说经。老子著述《道德经》（又名《老子》）五千言，并将其学说传授给尹喜。《道德经》提出了以道为核心的思想体系，具有朴素的辩证法思想，对我国的传统思想文化产生了深远的影响。由于老子晚年一直隐居于楼观台西大陵山，死后遂葬于大陵山吾老洞。

老子墓在陕西省周至县楼观台西约3千米处，又称西楼观台。东距古都西安70千米，距周至县城13千米，地处终南山北麓。老子墓因山为陵，就峪河绕陵而过，吾老洞在大陵山之顶，高2.18米，宽1.4米，深不可测。洞内供奉明代老子石像一尊，存有明代《重建吾老洞殿宇记》碑，碑额有"终南福地"4字，据此碑记载，洞内有石函，葬老子头盖骨。乾隆四十一年（1776），陕西巡抚毕沅在椭圆形墓冢前立老子墓碑，毕沅手书"周老子墓"4字。1956年，老子墓被确定为陕西省第一批重点文物保护单位。

大陵山依山傍水，竹林秀美，飞瀑流泉。吾老洞侧还有老子祠遗址，始建于唐初，后世多有重修，是老子诞辰祭祀活动的重要场所。每年农历二月十五日，海内外群众云集此地，以民间古老的传统形式祭祀和膜拜圣哲老子，规模盛大，场面壮观。附近还有老子弟子尹喜的祠和墓。

扁鹊墓

扁鹊（前407—前310），姓秦，名越人，渤海郡（今河北任丘）人，是中国古代伟大的医学家，是中国传统医学的鼻祖，对中医药学的继承和发展有着特殊的贡献。他善用"望、闻、问、切"四诊法诊病，精通妇科、五官科、儿科等科，由于其医术高超，被认为是神医，人们将其比作黄帝时代的名医"扁鹊"，尊称为"扁鹊先生"。秦太医李醯自知医术不如扁鹊而心生妒忌，便派人刺杀了扁鹊。扁鹊奠定了中医学的切脉诊断方法，开启了中医学的先河，相传有名的中医典籍《难经》为扁鹊所著。

扁鹊埋葬于遇难之地，即今天的西安市临潼区北15千米的南陈村。如今的扁鹊墓冢周长约30米，高约2.75米，墓旁苍松肃立。有墓碑1通，上书"扁鹊之墓"，碑高4.5米，碑首高为0.9米，碑座高0.6米。近年来，西安市临潼区政府对扁鹊墓进行了多次维修，兴建了扁鹊纪念馆，列入省级文物保护单位。现在的纪念馆占地40亩，建筑面积4000多平方米，馆内陈列了大量经典中医学器械，如针灸铜人、近代的药碾器等，还有历代的中医药典籍，全面反映了我国中医药文化的源远流长和博大精深。该馆是目前全国最大的中医史博物馆。

值得一提的是，由于扁鹊闻名天下，到过许多地方，医学影响深远，所以除了西安临潼有扁鹊墓，在河北邢台、任丘以及山东、山西、河南等地都有扁鹊墓或扁鹊庙，以备后人纪念，可见仁术之惠，足以流传千古。

白起墓

白起（？—前257），又名公孙起，战国时期秦国郿县（今陕西眉县）人。中国古代著名的将领、军事家。据说白起的父亲希望白起长大以后能够像吴起一样，成为一名优秀的军人，就给他起名为起。白起为秦昭王效力38年，征战六国，经历大小战争无数，夺取城池80余座，威震诸国。白起在战国末期的兼并战争中发挥了重要作用，被封为武安君，为秦统一六国作出了巨大的贡献。曾在伊阙之战大败魏韩联军，攻陷楚国都城郢城。公元前260年，秦、赵为了夺取上党地区，发生了著名的长平（今山西高平县西北）之战，秦昭王命白起为将军，赵国却中了秦国的反间计，任用只会纸上谈兵的赵括为将，终致赵军大败，被围46天，赵括企图率精兵突围，被秦军射杀，赵军40万人投降。白起为防后患，只放归年少的240人，将40万降兵全部坑杀。这一战，使秦国更加强盛，为秦的统一奠定了重要基础，白起的军事才能也得到了充分的体现。

白起号称"人屠"，与王翦、廉颇、李牧合称为"战国四大名将"，位列四将之首。他是中国历史上自孙武、吴起之后又一个杰出的军事家。白起后被世人称为"杀神"，他征战数十年，斩六国大军百余万。

公元前258年，秦国攻打赵国都城邯郸，白起力劝无效，秦军大败，损失惨重。秦昭王强令白起率兵出征，白起称病不从，被罢去了武安君封爵，贬为士兵流放。公元前257年，被遣送回故里眉县，行至咸阳城西10里的杜邮时，被秦昭王赐宝剑自杀。白起死后即葬于杜邮，即今天的咸阳城东郊渭河北岸任家咀。1970年，中国人民解放军三五三〇工厂在施工时，发现了墓道，出土兵器、佩剑等文物数件，现存咸阳博物馆。白起墓呈圆形，底部直径19米，墓高8米。1982年，白起墓被陕西省人民政府列为重点文物保护单位。

白起死非其罪，秦人很怜惜他，乡邑地方都建祠祭祀。遗憾的是，白起祠庙没能保存下来。2009年4月，陕西省眉县常兴镇白家村360名白起后裔为先祖白起立纪念碑，并在白起祠原址上修建了新白起祠。白起在后人的心目中具有很高的地位。唐玄宗为表彰并祭祀历代名将设置武庙，里面供奉有白起，唐肃宗也将白起等历史上10位武功卓著的名将供奉于武成王庙内。宋室依照唐代惯例，为古代名将设庙，72位名将中亦包括白起。在北宋年间成书的《十七史百将传》中，白起亦位列其中。

王翦墓

王翦，战国时期秦国名将，频阳（今陕西富平东北）人，中国古代杰出的军事家，秦始皇统一六国时的著名将领。先后率军攻破赵国都城邯郸，消灭燕国和赵国，又攻灭楚国，封武成侯。其子王贲也先后率军攻灭魏国，攻取燕的辽东，又攻灭齐国，受封通武侯。王翦、王贲父子同为秦将，成为秦始皇统一六国的最大功臣。王翦凭借杰出的军事指挥才能，与白起、李牧、廉颇并列为"战国四大名将"。

王翦墓位于陕西省富平县到贤镇东门外1.5千米许的纪贤村永和堡北。墓葬南北较长，东西稍窄，呈椭圆形，高约9米，周长达136米。在古墓西侧约100米处，从南到北还依次排列着6座小冢（今已不存），这6座小冢，据说里面埋着的是六国王侯的衣冠、图书和俘虏等。1956年，王翦墓被列为陕西省首批重点文物保护单位。

秦 汉 时 期

秦始皇陵

秦始皇（前259—前210），姓嬴名政，13岁继承王位，22岁亲政，39岁称皇帝，在位37年。从公元前230年到公元前221年，他用了10年时间，先后灭掉了韩、魏、楚、燕、赵、齐六国，结束了春秋战国以来诸侯割据、战乱频繁的局面，建立了我国历史上第一个统一的中央集权的封建制国家。他认为自己的功劳超过了"三皇五帝"，自称"始皇帝"，实行中央集权，皇帝权力至高无上。一方面，在中央实行三公九卿制，地方确立郡县制，还统一了货币、度量衡和文字，

秦陵2号铜车马

北击匈奴，南平百越，使秦朝的疆域东到大海、西到陇西、北到长城一带、南到象郡（今广西崇左）。另一方面，他不断征发兵役和徭役，修筑宫殿和陵墓，修筑长城，对人民进行残酷的剥削和压迫。修建秦始皇陵的劳动者达到70万人之多，而秦当时全国约有2000多万人口，参加各种劳役者达到200多万人，占全国人口的十分之一。正因如此，短暂的秦朝很快就被农民起义推翻了。

秦始皇非常迷信，相信长生不老。他曾率领百官到泰山封神，前后5次大规模出巡，欲到东海寻求长生不老之药。可悲的是，就在第五次出巡的途中，秦始皇死在沙丘（河北广宗），终年50岁。

秦始皇陵在今陕西省临潼区东5千米的骊山北麓，北临渭水，南倚骊山，气势雄伟，是保存至今的我国古代最大的帝王陵墓之一。秦始皇开创的陵寝制度对以后历代帝王陵园建筑产生了很大的影响。1961年，国务院公布秦始皇陵为全国重点文物保护单位，1988年被联合国教科文组织列为世界文化遗产。

秦始皇即位后，就开始在骊山为自己修建陵墓，费时近40年，直到秦朝灭亡，尚未全部竣工。秦始皇陵占地约60平方千米，外城周长6210米，内城周长3870米。史书记载，陵高50丈，约合115米，现存实际高度为70米，呈覆斗形，原封土堆的底部近似方形，南北长515米，东西宽485米，现存封土已缩小。墓内建有宫殿，藏满各种奇珍异宝，以人鱼膏为灯烛，以水银为江海，上面象形日月天体，下面象形山川地理。还装置许多弓弩，以便射杀入墓的人。宫女中无子女者全数殉葬，参加修造墓葬的工匠也都被活埋在墓里。

陵墓上还有宏伟的地上建筑。秦亡后,项羽入关中,火烧咸阳宫及周围宫殿,陵墓的地面建筑被大火烧尽。史载,秦始皇陵后来又遭到唐末黄巢农民起义军及五代温韬大规模盗掘,但是现代科技已经证实,秦始皇陵的地宫并未受到破坏。目前,秦始皇陵区发现了600多个陪葬墓和陪葬坑。在陵园东发现的秦始皇陵兵马俑坑出土了实物二分之一大的铜车马2乘,与实物大小相近的陶兵俑7000余个、陶马600余匹、战车130辆,这些兵马俑形象地再现了秦王扫六合的雄伟场面,被誉为"世界第八大奇迹"。

秦二世陵

秦二世(前230—前207),名胡亥,是秦始皇少子,太子扶苏的弟弟。秦始皇第五次巡游病死途中,临终前下诏让长子扶苏继承皇位。宦官赵高与丞相李斯伪造遗诏,一手策划了"沙丘之变",逼杀了长兄扶苏与大将蒙恬,立胡亥为皇帝,史称"秦二世"。胡亥在位期间,赵高专权,历史上著名的"指鹿为马"的故事就发生在此时。胡亥继续实行始皇帝时的暴政,继续修建阿房宫、骊山陵。农民负担更重,阶级矛盾更加尖锐。公元前209年,陈胜、吴广揭竿起义,建立了我国历史上第一个农民政权。公元前207年,刘邦进攻咸阳时,赵高见形势危急,逼杀胡亥。胡亥只当了3年皇帝,死时24岁。

秦二世陵位于西安曲江新区内曲江池遗址公园南岸。陵

秦二世陵

墓封土呈圆丘形，底面直径 25 米，高 5 米。墓前有砖砌碑楼，内嵌乾隆年间陕西巡抚毕沅手书"秦二世皇帝陵"碑。墓地尚有石兽 1 对，高 1 米，长 0.75 米。现在秦二世陵遗址已经被开发成遗址主题公园，园区整体风格极具秦风特色，是以遗址保护为原则，以秦亡警示文化、秦文明反思文化为内涵，以提升区域人文环境、生态环境、旅游环境为目的，集遗址保护、文化展陈、园林建设为一体的秦文化遗址公园。

汉高祖长陵

汉高祖刘邦（前 256—前 195），字季，江苏沛县人。汉朝开国皇帝。刘邦出身农家，是我国历史上第一个平民皇帝。早年担任沛县泗水亭长，在萧何、曹参等人的支持下，起兵响应陈胜起义，称沛公。后与项羽的起义军成为抗秦主力。公元前 206 年，刘邦进攻咸阳，秦王子婴投降。刘邦废除秦的苛政，与关中父老约法三章，深得民心。鸿门宴后，项羽自立为西楚霸王，封刘邦为汉王，刘邦占有巴蜀及汉中之地。经过4年楚汉战争，项羽兵败，乌江自刎，刘邦自立为帝，定都长安（今陕西西安），国号汉，史称西汉。刘邦重用人才，知人善任。他说："运筹帷幄之中，决胜千里之外，我不如张良；治理国家，安抚百姓，给前方运送军粮，我比不上萧何；统领百万大军，战必胜，攻必克，我不如韩信。我能够重用他们，这就是我得天下的原因。"

刘邦称帝后，承袭秦制，实行中央集权制度。面对汉初经济凋敝、府库空虚的局面，刘邦吸取秦亡教训，实行宽松的休养生息政策，恢复经济，对汉朝的稳定发展起了重要作用。公元前195年，刘邦因讨伐英布叛乱，被流矢射中，其后不久去世，享年62岁，葬于长陵。刘邦和他的子孙们共同努力，铸就了汉文化的宏基伟业。

长陵陪葬墓杨家湾汉墓出土骑马俑

长陵位于陕西省咸阳市窑店乡北的咸阳原南部,坐北朝南,南临渭水,北靠雄伟的九嵕山。陵园平面略呈方形,南北长885米,东西宽816米。高祖陵位于陵园西侧,吕后陵居东偏南,相距约280米。两陵形制略同,皆呈覆斗形。高祖陵封土底部东西长153米,南北宽135米;顶部东西55米,南北35米,高32.8米。陵前立有乾隆年间陕西巡抚毕沅手书的"汉高祖长陵"石碑1通。陵园仿照西汉都城长安建造,与未央宫隔渭水相望。陵园内还建有豪华的寝殿、便殿。这里出土了一枚"皇后之玺",经鉴定,是吕后之印玺。

长陵的陪葬墓数量很多,当年曾经跟随刘邦南征北战的功臣和贵戚,如萧何、曹参、周勃、戚夫人等,死后多陪葬在长陵。陵园的北面设有长陵邑,陵邑略呈长方形,史载刘邦生前迁徙5万户入长陵邑,近年来在陵邑的遗址内发现了瓦当和大量瓦片,其规模与繁华可见一斑。周勃墓出土的3000多件彩绘兵马俑,具有很高的艺术价值和重要的历史意义。

汉惠帝安陵

汉惠帝刘盈(前211—前188),西汉第二代皇帝。6岁立为太子,但他生性懦弱,高祖晚年嫌其"为人仁弱",欲改立戚夫人生的儿子刘如意为太子,因大臣反对而作罢。刘盈17岁即位,由母亲吕太后执掌大权。吕后为了增强实力,命刘盈娶了自己的亲外甥女张氏并立为皇后。吕后忌恨戚夫人及其子,就将刘如意毒死,又将戚夫人砍去手足,挖去双眼,熏聋两耳，药哑喉咙，做成"人彘"，然后扔进厕所，折磨致死。仁弱的惠帝为此深受刺激，加上不幸的婚姻，致使其精神忧郁，终日饮酒为乐，不理政事。公元前188年，惠帝病死于未央宫，年仅24岁，葬于安陵。

安陵位于陕西省咸阳市渭城区韩家湾乡白庙南村。陵墓封土为覆斗形，夯土筑成。底部东西长170米，南北宽140米；顶部东西长65米，南北宽40米，高25米。陵墓西北270米处为孝惠张皇后陵，陵北900米处为安陵邑。陵邑四周有夯土筑成的城墙，至今仍存残墙断垣。陵邑东墙保存较好，长445米，宽9米，高2～3.6米，垣墙中部，建有门阙，遗迹犹存。西墙保存较差，仅在城西北角残留一段，北墙东西各留一段，墙中央门阙遗址清晰可见，南墙仅东段残留。陵东为陪葬墓区，尚存封土两座。文献记载陪葬者有鲁元公主、陈平、张苍、杨雄等。

汉文帝霸陵

汉文帝刘恒（前202—前157），高祖刘邦之子，惠帝刘盈之弟，母为薄姬。8岁受封为代王。公元前180年，吕后死，丞相陈平、太尉周勃等平定诸吕之乱后，拥立刘恒为帝。文帝在位期间，继续推行休养生息和轻徭薄赋政策，他两次把田租减为三十税一，成为汉代定制；还取消了连坐法和割鼻、砍脚、脸上刺字等肉刑。文帝逐步削弱诸侯势力，加强中央集权；增强北方防御。文帝还以节俭著称，在位期间，宫室苑囿、车骑服御之物都没有增添。文帝在位期间，社会渐趋稳定，一度出现富庶现象。公元前157年6月，死于未央宫。在位23年，终年46岁，葬于霸陵。

霸陵位于陕西省西安市灞桥区席王街办毛窑院村，在白鹿原北坡。霸陵因其山，不起坟，斩原为冢，凿洞为玄宫，因靠近灞水而得名。陵园设施已毁无遗，尚存清代陵碑及祭祀碑10余通。史载汉文帝曾经下令修霸陵皆以瓦器，不得以金银为饰。尽管如此，据《晋书》记载，霸陵被盗掘时，依然是"多获珍宝"。皇后和太后也随葬于霸陵，窦皇后陵墓位于霸陵的东北，汉代实行夫妻合葬但不在同一陵寝。其母薄太后的陵墓位于霸陵的西南方向。霸陵的陪葬者有孝武陈皇后、馆陶公主、董偃及刘玄等。

霸陵是我国历史上第一个依山凿穴为玄宫的帝陵，对六朝及唐代依山为陵的建制影响极大。

汉景帝阳陵

汉景帝刘启（前188—前141），西汉第四代皇帝。文帝之子，母为窦皇后。景帝即位后，继续推行文帝时的政策，社会经济繁荣，府库充实。史载，当时仓库里堆满了粮食，有的腐烂而不可食。国库里的钱堆积如山，连串钱的绳子都朽断了。景帝在位期间，采用了晁错的建议，实行"削藩"，后来平定了吴王刘濞为首的"七国之乱"，进而将诸侯将相的任免权收归中央，削弱了诸侯王的力量。景帝统治时期，

汉阳陵 17 号墓坑

政治安定，经济繁荣，成为封建社会的盛世，与文帝时期合称为"文景之治"。公元前 141 年，景帝病死于未央宫，在位 16 年，终年 49 岁，葬于阳陵。

阳陵位于陕西省咸阳市渭城区正阳镇韩家湾村的咸阳原上，地跨咸阳市渭城区、泾阳县和西安市高陵区。从汉景帝始修，到王皇后入葬，阳陵的修建时间长达 28 年。阳陵占地面积约 12 平方千米，主要由帝陵陵园、后陵陵园、南区从葬坑、北区从葬坑、礼制建筑、陪葬墓园、刑徒墓地以及阳陵邑等部分组成。阳陵陵园平面呈正方形，四边有夯土围墙，墙中部均有"三出"门阙。帝陵坐西面东，居于陵园的中部偏西。封土呈覆斗形，底部边长 160 米，顶部东西宽 54 米，南北长 55 米，高 32 米。孝景王皇后陵位于阳陵东北 450 米处，与景帝同茔异穴，遥相呼应。目前已经在陵园内发现从葬坑 81 座，主要埋藏有骑兵俑、步兵俑、羊、狗、猪等各种动物俑和陶器、铜器、漆器、兵器、车马器等。陪葬墓分布于帝陵东侧的司马道两侧，墓园内已经探明有各类大中小型墓葬 5000 余座。阳陵邑则设置在陵园的东端。整个陵园以帝陵为中心，布局严谨，规模宏大。汉阳陵是陕西省首批重点文物保护单位，也是全国重点文物保护单位，是国家 4A 级旅游景区。依托阳陵遗址，现已建成汉阳陵博物馆，这是一座现代化综合博物馆，陈列着多年来考古发掘出土的 1800 件文物精品，其建筑采用下沉式结构，最大限度地保持了陵园的原始风貌。

汉武帝茂陵

汉武帝刘彻（前 156—前 87），汉景帝之子，7 岁时被立为太子，16 岁即位。他在位 54 年，是中国历史上一位极具雄才大略且大有作为的皇帝。汉武帝即位后，在"文景之治"开辟的良好局势下，对内加强皇权，巩固统一局面，对

汉武帝茂陵

外开疆拓土，宣扬国威。他颁布"推恩令"，削弱诸侯王的势力。经济上进行一系列改革，增加政府财政收入。思想上，他一改过去信奉的"黄老学说"，采取了董仲舒"罢黜百家，独尊儒术"的建议。军事上，他南平百越，北击匈奴，西越葱岭。外交上，开辟了丝绸之路，加强了汉族与西域各国的经济文化交流。可谓赫赫战功，远播四海，昭昭伟业，鼎立千秋。汉武帝把西汉王朝推向了极盛时期，古代的华夏族从此称为"汉族"，一个民族赢得了前所未有的尊严与荣耀。汉武帝晚年，任用酷吏，制造了不少冤案。公元前87年，汉武帝病死于巡视途中，享年70岁，葬于茂陵。

茂陵位于陕西省兴平市南位乡茂陵村，原属西汉怀礼县茂乡，帝陵由此得名。茂陵于建元二年（前139）开始修建，至后元二年（前87）建成，历时53年，是西汉11座帝王陵墓中规模最大、修造时间最长、陪葬品最丰富的一座，被称为"中国的金字塔"。史载汉武帝每年动用天下贡赋的三分之一，作为陵园修建与随葬物品的费用。陵区由茂陵陵园、茂陵邑、陪葬墓区和修陵人墓地组成，分布在东西长约9.5千米、南北宽约7千米的广大范围内。帝陵雄踞陵区的中央，呈覆斗形，封土高46.5米，顶端东西长39.25米，南北宽40.6米，方形，平顶，庄严稳重。墓室采用的是最高规格的"黄肠题凑"的建筑。汉武帝身着金缕玉衣，镂刻蛟龙弯凤鱼麟之像，全长1.88米，以大小玉片2498片、金丝1100克精制而成。地宫内充满大量的稀世珍宝。由于汉武帝在位时间很长，每年不断增添新的陪葬品，汉武帝下葬的时候，随葬品多到地宫和从葬坑已经无法悉数收纳。史载赤眉军攻占长安后，发掘诸陵，取其宝物，茂陵中的随葬品搬了几十天，但陵中之物仍未减半。茂陵邑在陵区东北部，史载达6万余户，接近30万人。陪葬墓区分布在陵园的四周，陪葬墓有李夫人、卫青、霍去病、霍光、金日䃅等人的墓葬，如众星捧月一般。现已勘探到的各类陪葬墓坑有400多个。

汉昭帝平陵

汉昭帝刘弗陵（前94—前74），是汉武帝的小儿子，他少年聪慧，深得汉武帝喜爱。为了防止重蹈吕后乱政的覆辙，汉武帝不惜将其生母钩弋夫人赐死，在临终前立刘弗陵为皇太子，任命霍光为大司马大将军，与左将军上官桀、车骑将军金日䃅、御史大夫桑弘羊共同辅佐幼主。公元前87年，年仅8岁的刘弗陵继位，平陵开始修建，由辅政大臣霍光负责整个工程。平陵规模极大，有东陵和西陵，东陵为帝陵，西陵为上官皇后陵，二陵相距700米，两千年来默默守望。帝陵陵园呈正方形，四周有垣墙，垣墙四面中部有门阙，现东西二门阙犹存。平陵封土堆高32米，底面边长160～170米，形如覆斗，位于陵园中部，其地宫有4个墓道，呈"亞"字形。后陵封土的形制与平陵相同，规格稍小。上官皇后（前87—前37），是霍光的外孙女，上官桀的孙女，她6岁入宫当皇后，15岁时昭帝死去，此后孤老终身，死时51岁，是历史上最年轻的皇太后。

在对平陵的考古发掘中，找到了大量的从葬坑，出土了不少珍贵的文物和动物的骨骼，其中有牛马和骆驼。尤其引人注目的是平陵中发现的骆驼骸骨，应该是关中乃至中原地区发现最早的。骆驼原产于阿拉伯、中亚和我国北方沙漠地区，张骞通西域，骆驼才进入中原。当我们慨叹丝绸之路的繁荣与伟大之时，也不应该忘记刘弗陵这位命运多舛的少年天子。

陵园东北有平陵邑，东侧是陪葬墓群，据考古发现，保存有23座陪葬墓，史载夏侯胜、窦婴、张禹、朱云等陪葬平陵，但具体位置难以确定。

汉宣帝杜陵

汉宣帝刘询（前92—前49），原名刘病已，是汉武帝的曾孙，刘据的孙子。刘病已出生后不久，巫蛊之祸发生，太子刘据自缢，妻子儿女全被杀害，母亲卫子夫自尽。襁褓之中的刘病已下狱，直到汉武帝大赦天下，被收养于掖庭，上报宗正，才承认其为汉室宗亲。公元前74年，21岁的刘弗陵驾崩，霍光立武帝之孙昌邑王刘贺即位，然而仅在位27天霍光便将其废掉。随后，18岁的民间皇孙刘病已被霍光选中入未央宫，即皇帝位，大汉帝国的命脉在他手中得以延续。

刘询经历坎坷，深知民间疾苦。他休恤民情，发展农业；重视吏治，贤良辈出。他降服了匈奴，设置西域都护府，使天山南北一带正式归属于西汉管辖。他富有文韬武略，使大汉王朝进入一个崭新的时代，史称"宣帝中兴"。公元前49年，刘询因病去世，在位25年，享年44岁，谥号孝宣皇帝，

汉宣帝杜陵

庙号中宗，葬于杜陵。

今西安市东南郊少陵原上，矗立着一座高大的帝陵，那就是杜陵。

杜陵的规模宏大，封土底部边长175米，顶部边长50米，高29米。陵墓居陵园中央，四面正中各有一条夯土填筑的墓道通向地宫，陵墓周围筑有墙垣，边长400多米，四面墙垣正中各开一门，陵冢东南有一座规模较小的陵墓，是许皇后陵，称为少陵。许皇后是刘询的结发之妻，与刘询有深厚的感情。霍光的女儿霍成君为了当上皇后，指使人将其毒死。陵园之内建有寝园，内有寝殿和便殿两大建筑群，用于四时祭祀。杜陵的陪葬墓数量巨大，封土尚存的有60多座，陵东南数量多、等级高。陵园西北是杜陵邑，东西长2000多米，南北宽500多米，全盛时期的杜陵邑，有30多万人口，御史大夫张汤、大司马张安世、典属国苏武等著名人物都曾在此居住。

汉元帝渭陵

汉元帝刘奭（前75—前33），汉宣帝长子，8岁时册立为太子。他善于琴瑟，精通音律，写得一手好篆书，尤其酷爱儒家经典。在位期间，他柔仁好儒，委政宦官，重用外戚。中央集权被削弱，社会危机日深，豪强大地主兼并之风盛行。西汉王朝日趋衰落。昭君出塞就发生在汉元帝在位期间。元帝迷恋声色，妾妃众多，就命画工图其相貌，按图召幸，宫人多贿赂画工。昭君孤傲，不肯贿赂，入宫数年都未曾侍奉御前。公元前33年，呼韩邪单于请求和亲，王昭君主动要求和亲，临行召见时，元帝才发现她光彩照人、顾盼生辉，追悔莫及。公元前33年，元帝病死，在位16年，终年44岁，谥号孝元皇帝，葬于渭陵。

渭陵位于陕西省咸阳市渭城区周陵街道新庄村。是汉元帝与皇后王氏合葬墓，面积4平方千米，已探明陵园4座、建筑遗址6处、从葬坑26处、陪葬墓80余座。帝陵位于陵园西南部，呈正方形，边长415米，封土呈覆斗形，位于帝陵正中，底边长168米，顶边长40米，高约29米，墓制为四出墓道的"亞"字形。与前代帝陵相比，随葬器物并不丰富，格局略小。这是汉朝第一个废除陵邑的帝陵。陵邑的设置始于汉高祖长陵，兼具维护中央集权和防御北方威胁的双重任务。渭陵废置陵邑，也是汉代国力疲敝的表现。渭陵西北380米处为孝元王皇后陵，墓冢呈覆斗形，底边长80米，顶边33米，现存高度17.5米，墓葬呈"亞"字形。东北350米处有孝元傅昭仪的废陵。渭陵东北方500米处，有序地排列着28座陪葬墓,东西4行,每行7座,称为"二十八宿墓",也都是嫔妃的墓。也是从渭陵开始,西汉帝陵陵园中有了规划一致的妃子陵园。西汉后期,皇权衰落,陪葬帝陵制度也开始衰落,家族墓地逐渐兴起,世家大族不再对陪葬感到特别荣耀,大汉王朝已至悬崖,帝国的斜阳已经西沉。

汉成帝延陵

汉成帝刘骜(前51—前7),西汉第九代皇帝,汉元帝之子。汉成帝生活荒淫,先有班婕妤,后来赵飞燕、赵合德姐妹入宫受宠。成帝长期怠于政事,大权落入外戚王氏手中。大小政事完全交给王凤、王莽等人,外戚专权,贪贿掠夺,西汉王朝已经到了崩溃的边缘。他值得一提的成就是提拔农学家氾胜之担任议郎,后又任命其为"劝农使者",负责"教田三辅"。氾胜之所撰的《氾胜之书》是中国第一部较为完整的农业科学专著,发展了战国以来的农学,在当时被各地广泛采用,对后世也产生了深远的影响。公元前7年,成帝因中风病死。他在位36年,终年45岁,葬于延陵。

延陵位于陕西省咸阳市周陵街道严家沟村。陵园平面近方形,东西长382米,南北长400米,陵冢位于陵园正中,封土形如覆斗,高25.7米,底部东南两边边长162米,西边边长170米,北部边长160米,顶部东西边长均为56米,南北两边边长则为53米。许皇后被废后,赵飞燕成为第二任皇后,然而延陵陵园中却没有找到其陵。

汉哀帝义陵

汉哀帝刘欣（前26—前1），汉元帝庶孙，定陶王刘康之子。汉成帝无子，收他为养子，公元前7年，成帝驾崩，20岁的刘欣即位，年号建平。哀帝即位时，西汉王朝的危机已经加重，他在位期间没有什么作为，反而留下昏庸的骂名。当时宫中有个郎官叫董贤，身为男子，却如女性般柔媚，哀帝与之形同夫妇，形影不离。一天，汉哀帝醒来，发现衣袖压在董贤身下，哀帝怕惊醒董贤，拔刀割断自己的衣袖，悄然离去，"断袖之癖"遂成为典故。哀帝末年，民不聊生，多处爆发起义，公元前1年，哀帝病死未央宫，年仅25岁。他在位7年，葬于义陵。

义陵位于陕西省咸阳市周陵街道南贺村东南。包括哀帝与皇后傅氏的合葬墓，由义陵陵区和陪葬墓组成。义陵陵园有外城垣和外壕沟围绕。外垣墙东西长1857米，南北长1540米，墙体宽3.5米，垣墙外为16~34米的外壕沟。陵园也有垣墙围绕，边长418米。覆斗形封土位于陵园中部，底部边长分别为东边161米、南边172米、西边166米、北部173米，现存高度29.7米。陵园东北620米处有傅皇后陵。义陵没有发现从葬坑，礼制建筑也很少，陵园内共发现建筑遗址6处，没有陵邑，见诸记载的陪葬者只有董贤一个。义陵的建筑风格低调简单。

汉平帝康陵

汉平帝刘衎（前9—5），原名刘箕子，汉元帝刘奭之孙，中山王刘兴之子，西汉第十一代皇帝，在位6年。平帝继位时，年仅9岁，太皇太后王政君垂帘听政，朝政由大司马王莽把持。此时，西汉王朝已经病入膏肓，政治腐化，国库空虚，民不聊生。王莽为了专权，将平帝母子分开，杀尽平帝舅族。公元5年，王莽向汉平帝进献时，趁机在椒酒中下毒，平帝中毒而死，但不足全信。平帝在位6年，终年14岁，葬于康陵。平帝无所作为，但他的康陵规模却令人叹为观止，规模宏大，陪葬规格较高，完全不像亡国之君。

康陵位于陕西省西安市咸阳市周陵街道大寨村，建于渭水北岸的黄土台塬上，地势平坦。康陵陵园平面呈方形，包括平帝帝陵和王皇后的陵园。陵园垣墙为夯筑结构，宽3.8米，南北长近1700米，东西宽1420米，今日残高近1米。南墙中部发现一座门址，通长83米，宽9米，中间的门道宽度达到11米。帝陵平面近似方形，封土位于陵园中心，底部边长220米，顶部边长55米，现存高度26米，形如覆斗，近冢顶内收成台，台面距冢顶5.5米。王皇后正是王莽的女儿，王莽篡位后，她心系大汉王朝，深居宫中，公元23年，王莽被杀，义军攻入长安，未央宫燃起熊熊大火，王皇后感叹："我有什么面目再见汉家？"投火而死，时年33岁。后陵位于康陵陵园东南方，陵园的面积超过帝陵陵园，竟由内外两重陵园组成，有人说外围墙有可能是王莽称帝后为了抬高王家地位而加修的。

吕后墓

吕后（前241—前180），名雉，是汉高祖刘邦的皇后，她长期跟随高祖，有力地支援了高祖的事业。高祖死后，被尊为皇太后，并以太后身份临朝称制16年。她奉行黄老之术，与民休息，为国家进一步的发展奠定了基础。吕后诛杀大臣与皇子，大封诸吕，开汉代外戚专权的不良风气。她迫害戚夫人致死，心狠手辣，被后世诟病。公元前180年，病死于长乐宫，葬于长陵。

吕后墓在高祖陵东南280米，封土形状与高祖陵相同。其封土底部东西150米、南北130米，顶部东西50米、南北30米，封土高30.7米。与刘邦合葬，"同茔不同穴"。从她的陵墓来看，规格接近高祖陵，显示了她非同一般的地位。1968年，在长陵附近发现了一枚玉石雕刻的"皇后之玺"，

"皇后之玺"玉印

经鉴定，为吕后之印玺，这枚印玺高2厘米，边长2.8厘米，重33克，刻有螭虎，造型生动，以新疆和田羊脂白玉雕刻而成。

薄太后墓

薄太后（？—前155）是汉文帝刘恒的生母。薄氏出身低微，原本是秦末割据诸侯魏豹的妾，楚汉战争初期，魏豹被刘邦击败，她成了刘邦的宠姬，但是很快就失宠了。刘邦死后，吕后专权，凡被刘邦所宠幸的妃子多被杀戮或监禁。薄氏因在刘邦生前早已失宠，所以幸免于难。因刘恒被封为代王，吕后允许她和儿子同去代国，成为代国太后。公元前180年，吕后死，大臣们以"薄氏仁厚"为理由，迎立刘恒为皇帝，尊奉薄氏为皇太后。薄氏身居尊位后，从不擅作威福，尤其对股肱大臣，颇能尊重和爱护。一次，有人诬告绛侯周勃谋反，文帝轻信谗言，要将周勃交付审判。薄太后大怒，摘下帽子掷击文帝，斥骂道："绛侯曾经统率朝廷禁军，掌握兵权，那时候他都没有谋反，现在退为小小绛县的列侯，怎么会谋反！"由此可见，她很有政治头脑。刘恒与薄太后母子情深，薄太后病重3年，刘恒每日上朝归来，都要侍奉母亲，亲尝每一碗汤药。这个故事写进《二十四孝》，成为中国孝文化的典范。

公元前155年，薄太后去世，葬于白鹿原。据说，薄太后陵西隔渭水，遥望长陵，正好"西望吾夫"；儿子刘恒霸陵在右侧，正好"东望吾子"，当地人称"望子冢"。薄太后陵封土形似覆斗，底边长173米、宽140米，顶边长55米、宽40米，高约24米。陵冢四周有夯土筑成的垣墙，垣墙正中有门阙，陵园西北有从葬坑数十座，出土了很多陶俑、陶罐。陵墓邻近公路，交通便利，春秋两季常有人到此郊游。

陵前现仅存有清代陕西巡抚毕沅所立石碑，上书"汉薄太后南陵"6字，因其陵园位于凤凰嘴西南方向，故称南陵。政府对陵园进行了保护修缮和绿化。

陈平墓

陈平（？—前178），阳武（今河南原阳东南）人，西汉王朝的开国功臣。他足智多谋，富有智慧，少时家贫，秦末陈胜、吴广起义后，他先侍奉魏王咎，后投靠项羽，入关破秦，又归附汉。他追随刘邦，成为刘邦的重要谋士，多次献计，解救危难，为汉朝立下汗马功劳。曾以反间计离间项羽群臣，使刘邦顺利夺取天下。韩信谋反，陈平建议刘邦假装游云梦，让韩信放松警惕，乘机逮捕韩信。刘邦被匈奴困于白登之围，也是陈平献计，派使臣和单于阏氏取得联系，才得以解围。高祖南归路过曲逆，登上城楼，看见县城非常宽大壮观，就封陈平为曲逆侯。陈平还以护军中尉的身份随从高祖征讨陈豨和黥布，6次献出奇计，6次增加封邑。孝惠帝六年（前189），陈平升为左丞相。吕后临朝，大封吕氏子弟为王，陈平假装听从，竟能自免于祸患，安定汉室。吕后死，他与周勃合计，诛杀诸吕，迎立代王为文帝，任丞相。文帝二年（前178），陈平去世，谥号为献侯。

陈平墓位于鄠邑区石井镇曹家堡村西北。墓冢呈西汉典型的覆斗形。墓前有清朝乾隆年间陕西巡抚毕沅手书石碑"汉曲逆侯陈公平墓"碑。现为陕西省重点文物保护单位。

娄敬墓

娄敬，西汉开国功臣，多次为刘邦献计，为汉初的稳定作出了积极的贡献。刘邦采纳他的建议，凭借关中的险要形势，定都长安。封娄敬为奉春君，赐姓刘。公元前200年，匈奴进攻平城（今山西大同），刘邦亲征，匈奴佯退，刘邦不听娄敬建议，追击匈奴，被围白登七天七夜，脱险后封娄敬为关内侯。汉初，匈奴经常侵扰北部边境，刘邦接受娄敬的建议，采取和亲政策，实现了汉匈之间的友好。娄敬还献策高祖，迁徙全国各地豪杰、名门居关中十余万口，有效地加强了中央政权。公元前187年，娄敬被封为建信侯。

娄敬晚年隐居咸阳西北70千米处永寿境内店头之明月山，传说以仙术种黄金，此地今名种金坪、晒金场。娄敬死后葬于此地，后人为了纪念他，将明月山更名为娄敬山，并且在山腰上修娄公祠，后又增修药王庙、菩萨庙。娄敬墓旁原有建信侯祠和戏楼各1座，现已毁，仅留残碑10通，这些碑石，为明万历年间到民国时期所立。由于长期的风雨侵蚀以及疏于保护，一些年代久远的碑石已经严重倾斜，字迹模糊，而有些碑石则被毁弃。1981年10月，娄敬墓被陕西省人民政府公布为第一批文物保护单位，同年竖立标志碑。1990年前后，出土娄敬石像1尊、菩萨石像6尊，具有重要的文化价值。

萧何、曹参墓

萧何（前257—前193），江苏沛县人，早年任沛县狱吏，秦末辅佐刘邦起义。刘邦打到咸阳，将领们都争先恐后地奔向府库，分取金帛财宝，只有萧何先进入秦宫收取丞相和御史掌管的律令图书保存起来。刘邦被封为汉王，拜萧何为丞相。萧何极力推荐韩信，汉王遂拜韩信为大将军。

楚汉战争时，萧何留守关中，侍奉太子。他制定律令制度，常常征发关中的士卒补充汉王军队的不足，为刘邦战胜项羽提供了有力支援。汉初论功行赏，萧何位列众卿之首，被称为酂侯，还恩赐他可以带剑穿鞋上殿。淮阴侯韩信谋反，吕后采用萧何之计，诛韩信。因韩信当年由萧何极力举荐，拜为大将军，所以说"成也萧何，败也萧何"。萧何被拜为相国，高祖死后，他辅佐惠帝。惠帝二年（前193），萧何去世，谥号为文终侯。

曹参（？—前190），字敬伯，江苏沛县人。秦朝时任沛县管理监狱的小吏，萧何是主吏，刘邦是亭长，三人同乡。公元前209年，曹参随刘邦在沛县起兵反秦，在秦末农民战争中和楚汉战争中，他身经百战，屡建战功。西汉初建，对有功之臣论功行赏，曹参功居第二，赐爵平阳侯。萧何去世后，曹参出任丞相，他基本上沿袭了萧何为相时的制度和做法，举事无所变更，有"萧规曹随"之称。

汉高祖之功臣，以萧、曹为首。二人原先低微之时，关系很好，后来官至将军、相国，便有了隔阂。但是萧何临终时，向惠帝推荐的贤臣只有曹参一人。曹参执行萧何的规矩，推崇清静无为的政策，也更符合汉初的实际状况。二人生前一起为西汉王朝鞠躬尽瘁，死后一起陪葬长陵，守护着一起打下的江山。

《后汉书》记载，东汉和帝赴长陵祭祖，从长陵东门望去，看到萧何、曹参二丞相之墓冢，颇有感慨。二人墓葬的具体位置不大确定，在陕西省境内的萧何墓葬便有3处之多，也是让人颇为迷惑。在长陵西北方向瓦刘村东有一处双冢，东侧的传说为萧何墓，墓冢前有毕沅所立的石碑"汉相国酂侯萧何墓"，西侧的则传说为曹参墓，毕沅书"汉平阳侯曹参墓"，一直以来被人们认定为萧何与曹参之墓。但是，在今天咸阳正阳镇东史村南也有双冢，据说也是萧何与曹参墓（另一说是萧何夫妇墓）。根据《东观汉记》记载：萧何墓在长陵东司马门道北百步，似乎后者更符合历史。而另一座萧何墓坐落在今汉中市城固县博望镇谢家井办事处杜家槽村内，墓前也有毕沅所立石碑，写着"汉丞相酂侯萧公墓"，此处可能性不大。古时候，一人多墓的情况很常见，有的是故意以假乱真，有的是后人为了纪念而修建。孰真孰假，还有待于进一步的考古发掘来揭开谜底。

陆贾墓

陆贾(约前240—前170),汉初政论家。陆贾是楚国人,早年随高祖平定天下,因能言善辩常出使诸侯。两次出使南越,说服南越王赵佗臣服汉朝,为稳定汉朝局势做出了重大贡献,因此被封为太中大夫。陆贾曾对高祖说:"可以马背上得天下,不可马背上治天下。"高祖很赞同,命陆贾记述治乱兴衰的道理,共12篇,即《新语》。他是汉代第一位力倡儒家学说的思想家,提出"行仁义,法先圣,礼法结合,无为而治",为西汉确立儒家统治思想奠定了基础。高祖死后,吕后专政,陆贾不问政事。诸吕擅权,右丞相陈平听陆贾之计,与太尉周勃深相交结,平定诸吕,迎立文帝刘恒,为稳定汉朝统治作出了贡献。公元前170年,陆贾病逝。

陆贾墓位于咸阳城西北70千米处永寿县店头镇桃花塬边。墓冢高5米,墓前原有清乾隆四十一年(1776)陕西巡抚毕沅所立石碑1通,上书"汉太中大夫陆公贾墓",现已毁。陆贾墓现属店头镇关牛山林场,周围松柏成林,颇为幽静。

周勃墓

周勃（？—前169），江苏沛县人，汉初名将。公元前209年，周勃随刘邦起兵反秦，以军功拜为将军，深得刘邦信任，受封绛侯。继而因平定韩信叛乱有功，升为太尉。周勃率军讨伐叛将陈豨，平定燕王卢绾，为西汉的稳定作出了重大贡献。刘邦死后，吕后专权，周勃以列侯的身份侍奉惠帝。吕后死后，周勃与陈平共谋，一举消灭吕氏诸王。文帝即位后，周勃两度为相，晚年免去丞相，回到封地，汉文帝十一年（前169）去世，谥号为武侯。周勃的儿子周亚夫是汉景帝时有名的丞相，封为条侯，因其子购买了500件供皇室殉葬用的盔甲盾牌而下狱，绝食而死，与父亲周勃一起陪葬长陵。周勃在后人的心目中具有很高的地位。唐朝建中三年（782），礼仪使颜真卿向唐德宗建议，追封古代名将64人，并为他们设庙享奠，当中就包括周勃。及至宋代宣和五年（1123），宋室依照唐代惯例，为古代名将设庙，72位名将中亦包括周勃。

周勃墓位于咸阳杨家湾，是长陵陪葬墓中声名显赫的一座。在周勃墓的从葬坑中，出土了驰名中外的三千彩绘兵马俑。这些俑大的有近50厘米高，小的45厘米，虽不及秦兵马俑高大，但他们手持武器、身披铠甲，都是准备随时作战的样子。为研究汉代军制、战阵、武器装备等情况提供了宝贵资料。考古学家还在周勃墓中发现200余枚玉片，个别玉片边沿残留银丝，显然周勃是身着银缕玉衣入葬的。这种丧葬规格极高，是对国家有突出贡献的功臣才能享有的殊荣。

戚夫人墓

戚夫人（前224—前194），秦末定陶（今山东属菏泽）人，刘邦在楚汉战争中纳其为妾。戚夫人能歌善舞，深得刘邦宠幸，有一子即赵王刘如意。刘邦十分喜爱赵王，欲改立其为太子，但是张良等大臣坚决反对，加上太子刘盈也逐渐有了自己的势力，终未能如愿。刘邦死后，刘盈即位，吕后掌权，她非常痛恨戚夫人，便将戚夫人囚禁于永巷，剃光了她的头发，给她戴上枷锁，穿上褚红色囚衣，罚其每日舂米。戚夫人一边舂米一边唱着《舂歌》："子为王，母为虏。终日舂薄暮，常与死为伍，相离三千里，当谁使告汝。"吕后一心想除掉刘如意，但是惠帝刘盈宅心仁厚，为了保护刘如意，与其同食同寝，寸步不离，使吕雉无法下手。一日清晨，刘盈外出习射，不忍心早早叫起刘如意，可是等刘盈习射回来，如意已经被吕后派人毒死。戚夫人又被吕后做成"人彘"，并被丢进厕所里，终被致死，年仅30岁。一代宠姬就这样悲惨地结束了她的人生，可以说是大起大落。

戚夫人死后，也陪葬长陵。虽然很多人不相信吕后会给戚夫人这样的待遇，让她死后在长陵陪伴高祖刘邦，但是很多史料还是显示戚夫人墓就在咸阳原上，长陵脚下。据宋人宋敏求所撰《长安志》记载："戚夫人冢在（咸阳）县西十五里。"《咸阳县志》也载："戚夫人墓在县东三十五里，长陵之东，吕后陵之下。"今天，在长陵东南，咸阳正阳镇柏家咀村西侧塬边上有一座覆斗形汉冢，被考古学家认定是戚夫人墓。

董仲舒墓

董仲舒（前179—前104），中国古代著名的思想家、政治家、教育家。汉景帝时，董仲舒任博士官。汉武帝时举贤良文学之士，他先后3次应诏对策，提出了著名的"天人三策"，他详细阐述了"天人感应"学说，论述了神权与君权的关系，并提出了"罢黜百家，独尊儒术"的建议。汉武帝对他的主张深表赞同，采纳了他的建议。董仲舒学说以儒家思想为中心，杂以阴阳五行说和黄老刑名思想，形成了儒学新体系。儒学思想遂成中国传统治国思想，对后世影响非常深远。董仲舒的著作很多，有一百多篇文章、词赋传世，尚存的有《天人三策》《士不遇赋》《春秋繁露》等。

公元前104年，董仲舒病故，享年76岁。关于他的墓址，有不同的说法。

董仲舒墓碑

其一，下马陵。在今天西安南城墙和平门内以西600米处，有一地名曰"下马陵"，董仲舒死后，汉武帝赐葬于此。据说汉武帝对董仲舒非常尊敬，每次经过他的陵园时，都要下马步行，因此便形成惯例：上至达官显贵，下至平民百姓，无论骑马乘轿，凡经过董仲舒的墓前，都要下来步行。下马陵的名称便由此产生。此说虽然由来已久，但是有史家考证认为不足为信。唐代、明代修城，此墓皆得保存于城内，新中国成立之初，此墓封土周长40多米、高6米，墓前有清乾隆年间陕西巡抚毕沅所书"汉董仲舒墓"碑1通。20世纪50年代，此墓损毁严重。现封土高约2.5米，直径6米，封土前有西安市人民政府所立青石保护标志。1956年由陕西省人民委员会公布为第一批省级重点文物保护单位。

其二，陪葬茂陵。《汉书·董仲舒传》载：董仲舒"年老，以寿终于家，家徙茂陵"。北宋《太平寰宇记》载：董仲舒墓在（兴平）县东北20里。在今天陕西省兴平市南位镇汉武帝茂陵以北约500米处，有一座村庄叫"策村"，村民多数姓董，他们认为自己就是董仲舒的后裔。因董仲舒曾提出"天人三策"，为表纪念，遂名"策村"。策村东南约250米处，有一座古冢，称为"策冢"，南北长71米，东西宽30米，封土残高14.3米，据说这是董仲舒的墓冢。2016年，董氏后人还新立了一块石碑，上面刻有"汉大儒董仲舒墓"。近代以来，更多的人认为董仲舒陪葬茂陵的可能性更大一些，真实情况到底如何，还有待于进一步考古研究。

张汤墓

张汤（？—前115），西汉著名酷吏，杜陵（今陕西西安东南）人。因审理陈皇后巫蛊狱和淮南王、衡山王谋反之事，得到武帝赏识，官至御史大夫。曾与赵禹编定《越宫律》《朝律》等法律著作，主张用法严峻。曾协助武帝改革币制，实施盐铁专卖，算缗告缗，打击富商大贾，翦除豪强。张汤办事利落，多行丞相事，权势远在丞相之上。元鼎二年（前115），被御史中丞李文、丞相长史朱买臣等人告发和诬陷，被迫自杀。

2002年，在陕西省西安市长安区的西北政法大学南校区内发现了张汤墓。墓葬坐北朝西，略偏北向，平面呈"甲"字形，由墓道、甬道、墓室三部分组成。墓道位于墓室西部，长斜坡状。残长7米，宽1.15米，最深处距现地面4.6米。两壁直而平整，内填五花土。甬道为长方形带过洞，拱顶，长5.3米，宽0.88米，高1.45米。墓室为土洞室，平面呈长方形，东西长5.30米，南北宽2.8米，壁残高1.9米。其顶部已完全坍塌。墓中出土了星云纹铜镜和五铢钱等文物。最为珍罕的是，出土物中有2枚精致的双面穿带印，一枚印文为"张汤臣汤"，一枚为"张君信印"，印面径为1.8厘米，即古之所说"方寸之印"。此两印正是判定张汤为墓主的重要依据。

《史记·酷吏列传》载：张汤去世后，家产总共不过五百金，皆得自俸禄与皇帝赏赐。弟兄诸子欲厚葬张汤，其母却说："张汤是天子大臣，被恶言诬陷而死，有何必要厚葬？"于是用牛车载着张汤入葬，有棺无椁。张汤虽用法严酷，《史记》将其列入酷吏之列，但他为官清廉俭朴，不失为古代廉吏。

张安世墓

张安世，字子孺，西汉武帝朝著名御史大夫张汤的次子。武帝时"擢为尚书令，迁光禄大夫"。汉昭帝即位，拜右将军，以辅佐有功，封富平侯。昭帝死后，他与大将军霍光谋立宣帝有功，拜为大司马。霍光死后，张安世以大司马卫将军并领尚书事而位极人臣。他为官50多年，享年70余岁，谥号敬侯，陪葬杜陵。张安世一门三侯，他的家族也以八代高官显宦又未失封侯之位，为史家所称奇，《后汉书》记载："自昭帝封安世，至吉，传国八世，经历篡乱，二百年间未尝谴黜，封者莫与为比。"

2008年，陕西省考古研究院在西安市长安区凤栖原发现了张安世家族墓，距杜陵陵园约6千米，此墓葬规模大、规格高，墓园平面略呈方形，东西长约195米、南北宽约159米，面积约3万平方米。墓园由"甲"字形大型墓及6座从葬坑、夫人墓、高规格祠堂建筑（基址）、道路、排水系统以及4条兆沟等组成。墓园的东侧、北侧、西侧还规则祔葬有墓主后代子孙的墓葬共12座。最引人注目的"甲"字形大墓总长60多米，其中的墓室部分长35米、宽24.5米、距离地面15米。只有王侯级别的人员才可能有如此大型的"甲"

字墓。出土了完整的玉璧9枚,最大的直径达28厘米,还清理出不少玉衣残片、管状玉器、金器、铜环、铜泡钉、五珠钱币以及陶豆、陶罐等。

从葬坑中,发现了多枚军队的印章,上面刻有"卫将长史""军侯之印"等,发现了一枚大型篆书"张"字青铜印,印面长7厘米、宽4厘米,有提手。该枚印章成为判定此墓为张安世墓的重要依据。张安世家族延续两百年之久,其家族墓葬也是目前中国唯一经过完整发掘的汉代列侯级别的家族墓。

李夫人墓

"北方有佳人,绝世而独立,一顾倾人城,再顾倾人国。"这首歌词中唱的就是汉武帝的宠妃李夫人,她没有留下具体的名字,也不清楚具体的生卒年月,但是她死后多年依然让汉武帝魂牵梦萦。李夫人,出身于乐人家庭,著名音乐家李延年、将军李广利之妹。她能歌善舞,长得倾国倾城,由兄长李延年和平阳公主推荐给汉武帝,获封夫人,深得汉武帝宠爱。有一子刘髆,封昌邑哀王。海昏侯刘贺是李夫人的孙子。

李夫人深受宠爱,却红颜薄命。据说李夫人重病在身,不久于人世,汉武帝来看她,李夫人认为自己以美貌得宠,如今容颜因病而衰,担心武帝见了会心生嫌弃,对李家人不利,遂以被覆面,拒绝汉武帝见最后一面,武帝不悦,拂袖而去。果然,李夫人去世后,汉武帝对她的美貌念念不忘,命画师将她生前的形象画下来挂在甘泉宫并将之以皇后之礼葬于茂陵西侧。大将军霍光缘上雅意,建议追封李夫人为孝武皇后。

李夫人墓位于今兴平市南位镇张里村,东南距汉武帝茂陵500米。李夫人墓冢高大,外形腰部有一道两层台阶的环线,形如磨盘,当地人称其为"磨子岭",俗名"英陵",亦云"集仙台"。据《三辅黄图·陵墓》记载:"李夫人墓,东西五十步,南北六十步,高八丈。"经实测,现存封土底部东边长127米,西边长127.7米,南边宽108.3米,北边宽102.5米,高23.99米。在距墓顶13米处内收成台,台东西两边各宽3.5米,南北两边各宽4.5米。在茂陵陪葬墓中李夫人陵墓最大。

卫青墓

卫青(?—前106),字仲卿,河东平阳(今山西临汾)人。他是卫子夫的弟弟,霍去病的舅舅,为汉武帝时的大司马大将军,封长平侯。元光六年(前129),匈奴兴兵南下,汉武帝分派四路御敌,只有卫青一路获得胜利,其余三路溃败无功。卫青首次带兵出征,深入险境,奇袭匈奴祭天圣地龙城,俘虏700人。卫青以骑兵长途奔袭,首次开创新战术,拉开了汉匈战争反败为胜的序幕。他用兵敢于深入,出征匈奴,七战七捷,收复河朔、河套地区,击破单于,为北部疆域的开拓立下了不朽功勋。卫青战功赫赫,与霍去病并称为"帝国双璧"，但他体恤士卒，号令严明，从不结党，威信很高。元封五年（前106），卫青病逝，谥号为"烈"，陪葬于茂陵。

卫青墓位于茂陵东北1千米处，今陕西省兴平市南位镇道常村西北，东侧是霍去病墓。史载，这座大墓形似阴山，以纪念卫青打击匈奴立下的汗马功劳。卫青墓是茂陵陪葬重臣墓中最大的一座，墓底部东边长113.5米，南长约90米，北长72.6米，西长107.2米，高约25.5米，顶部南北15米、东西6米；西北角凹进一部分，西南角凸出一部分，南面坡陡，北面坡长缓，中腰有平台，遥望如一小山。墓前有清乾隆年间陕西巡抚毕沅所题的墓碑"汉大将军大司马长平侯卫公青墓"。

霍去病墓

霍去病（前140—前117），18岁随大将军卫青出征，讨伐匈奴，屡战屡胜。特别是在河西走廊、祁连山一带，霍去病纵横千里。元狩二年（前121），霍去病两次率军出击占据河西（今河西走廊及湟水流域）地区的匈奴，大获全胜，歼敌4万多人，还迫使匈奴4万余人归汉，将匈奴主力横扫无遗，使汉朝控制了河西地区，为汉武帝开拓西北边疆立下了辉煌战功，也为打通西域的道路奠定了基础。匈奴为此悲歌："亡我祁连山，使我六畜不蕃息；失我焉支山，使我妇女无颜色。"元狩四年（前119），在漠北之战中，霍去病率军北进2000多千米，乘胜追杀至狼居胥山（今蒙古境内），这也是汉朝进击匈奴最远的一次，歼敌7万多人，匈奴远遁，直到漠北。霍去病用兵灵活，注重方略，不拘古法，每战皆胜，深得汉武帝信任。

公元前117年，24岁的大司马骠骑将军霍去病病逝于军中，汉武帝深表痛心和惋惜。为了彰显霍去病威震匈奴的赫赫战功，特意模仿了他曾经征服过的祁连山，为其在茂陵修建陪葬墓。霍去病墓底部南北长105米、东西宽73米，顶部南北长15米、东西宽8米，占地面积5841平方米。霍去病墓上有各种石人、石兽等巨型石刻群，是我国最早、最大、最完整的大型石雕群。有马踏匈奴、卧马、跃马、石人、伏虎、卧象、卧牛等。其中马踏匈奴石雕最为有名，通高168厘米，长190厘米，是霍去病墓石雕群的主像。这些石雕线条清晰，造型生动，形象地体现了汉朝博大的时代精神和艺术风格，是我国目前保存的古代成组大型石雕艺术珍品，在中国艺术史上占有重要地位。

霍去病墓

金日䃅墓

金日䃅是驻牧武威的匈奴休屠王太子，元狩二年（前121），骠骑将军霍去病率兵攻打匈奴，在河西大败浑邪王和休屠王。浑邪王杀了休屠王，率4万余人降汉。当时金日䃅14岁，因其父亲被杀，无所依靠，便同其母亲、弟弟降服汉朝，负责养马。汉武帝曾获得休屠王的祭天金人，故赐其姓为金。他非常谨慎，忠于职守。汉武帝任其为马监，后升侍中，管理皇帝衣物、乘舆。金日䃅为人谨慎，工作认真负责，晋升驸马都尉、光禄大夫，侍奉左右，深得汉武帝信赖。后元二年（前87），汉武帝病重，托霍光与金日䃅辅佐太子刘弗陵。他的子孙后代因忠孝显名，七世不衰，历130多年。金日䃅在维护国家统一和社会安定方面建立了不朽的功绩，是我国历史上一位有远见卓识的少数民族政治家。

始元元年（前86）金日䃅病逝，终年49岁，陪葬茂陵。汉昭帝为他举行了隆重的葬礼，并赐给安葬器具及坟地，用轻车军士为他送葬，军队排列直到茂陵，赐谥号为敬侯。

金日䃅墓位于陕西省兴平市南位镇道常村西北，霍去病墓东侧约100米处，墓冢为覆斗形，东边长41.2米，西边长41.9米，南边长35.5米，北边长36.3米，封土高约12米。金日䃅墓与骠骑将军霍去病墓、大将军卫青墓在一起。3座墓如挺拔的战士，由东向西守卫着汉武帝茂陵。

司马迁祠堂

司马迁墓

司马迁（前145—？），陕西韩城人。其父司马谈为西汉太史令，司马迁从小便受到严格的教育，10岁能诵读《左传》《国语》等古籍，20岁开始游历名山大川，搜集遗闻古事，网罗佚失旧闻。后来继承父业任太史令，掌管文书，记载史事。他因替李陵败降之事辩解而受宫刑，后任中书令。但他笔耕不辍，最终"究天人之际，通古今之变，成一家之言"，完成史学巨著《史记》，全书长达52万字，包括十二"本纪"、十"表"、八"书"、三十"世家"、七十"列传"，共130篇。该书记载了从传说中的黄帝时期到汉武帝时期长达3000多年的历史，是我国第一部纪传体通史，被鲁迅誉为"史家之绝唱，无韵之离骚"。《史记》的影响极其深远，与司马光的《资治通鉴》并称"史学双璧"。

司马迁墓位于陕西韩城市南10千米的芝川镇，背依梁山，面临芝水，依崖就势，建筑于地势高旷的黄土冈阜之上，居高临下，与司马迁祠相连。司马迁墓为宋元所筑衣冠冢。呈圆形，高2米，青砖砌成，宝顶植有一株古柏，树分五枝，枝丫虬劲，盘若蛟龙。砖墙有砖雕八卦图案和花卉图案16幅。墓前竖立着一块石碑，上刻"汉太史司马公墓"，为清乾隆年间陕西巡抚毕沅题书。

司马迁祠墓始建于公元310年，经过历代数次重修和扩建，今占地10万多平方米，主体建筑有寝宫、献殿、祠门、山门、牌坊等。祠院古柏参天，碑石林立，十分幽静，是全国重点文物保护单位，每年都有很多游客前来祭奠和瞻仰。1958年，郭沫若题诗："龙门有灵秀，钟毓人中龙。学殖空前富，文章旷代雄。怜才膺斧钺，吐气作霓虹。功业追尼父，千秋太史公。"

苏武墓

苏武（？—前60），字子卿，杜陵（今陕西西安东南）人。天汉元年（前100），奉汉武帝命出使匈奴。就在苏武完成了出使任务，即将返回之时，匈奴上层发生了内乱，苏武一行受到牵连，被扣留下来。苏武宁死不降，被徙于北海边牧羊，坚持19年，受尽各种艰辛与折磨，始终不屈，直至始元六年（前81）汉与匈奴和好，才被放归汉朝。

苏武墓位于陕西咸阳城西47千米的武功县武功镇龙门村

前的台地之上。墓穴东向，背附青山，漆水河自墓前蜿蜒而过，依山傍水，环境优美，为"武功八景"之一。墓冢呈覆斗状，高约4米，南北约30米，东西约20米，看上去非常高大。墓前竖有清乾隆年间陕西巡抚毕沅所书"汉典属国苏公墓"、武功县令阮曙书"汉典属国苏子卿墓"及民国时期的"重修苏武墓门碑"等碑石。

今以苏武墓为中心，建成苏武纪念馆，纪念这位不辱使节的汉代使臣。苏武纪念馆占地面积27000平方米，其主要建筑依次为苏武文化广场、仿汉阙门、苏武牧羊铜像、苏武大殿、南北祭亭、苏武墓祭台、墓冢、珍藏室等。纪念馆立有苏武执节杖挺立的塑像，还有苏武出使匈奴、不辱气节的画像。享堂南北两侧各建碑廊，陈列苏氏历代名人像、生平碑数十座。在苏武纪念馆有华国锋题写的"苏武纪念馆""高风亮节"匾。祭殿内有楹联"十九年长傲雪欺霜，孤对羝羊栖北海；数千里外由夷归汉，喜将异类服中原"，正是苏武一生的写照。

霍光墓

霍光（？—前68），字子孟。河东平阳（今山西临汾）人。西汉权臣、政治家，麒麟阁十一功臣之首，大司马霍去病异母弟、汉宣帝皇后霍成君之父，汉昭帝皇后上官氏的外祖父。

霍光身高七尺三寸，皮肤白皙，眉目俊朗，胡须很美，是当时有名的美男子。霍光为人沉着冷静，办事细致慎重，深受汉武帝的喜爱。后元二年（前87），汉武帝驾崩，幼主刘弗陵只有8岁，母亲钩弋夫人也被汉武帝赐死，霍光、金日䃅、上官桀、桑弘羊受遗诏辅幼主。主要由大将军霍光摄理国事。霍光执掌汉室最高权力近20年，历经汉武帝、汉昭帝、汉宣帝三朝，官至大司马大将军，为汉室的安定和中兴建立了功勋。期间他击败上官桀等人发动的政变，先立后废昌邑王刘贺，又立汉宣帝。地节二年（前68），霍光去世，谥号"宣成"，汉宣帝以皇帝的规格将其葬于茂陵，有玉衣、梓宫、便房、黄肠题凑等一应俱全，以辒辌车、黄屋送葬。霍光夫人犹嫌不够气派，将霍光生前自己安排的坟墓规格扩大。然而两年后，霍家因谋反被族诛。霍光常被人与伊尹相提并论，称为"伊霍"。后世往往以"行伊霍之事"代指权臣摄政，废立皇帝。

霍光墓位于兴平市南位镇东陈阡村南部，西距茂陵约4千米多。墓冢呈覆斗形，高19.92米，东宽61米，西宽63.5米，南长66.8米，北长为61.5米，占地面积3993.3平方米。

马援墓

马援（前14—49），字文渊，东汉时扶风茂陵（今陕西兴平）人。马援年少即有大志，曾为郡督邮，因为放跑了重罪的囚徒，亡命于北地，从事放牧，归附者众，役属宾客数百家。常对宾客说："丈夫为志，穷当益坚，老当益壮。"

建武十一年（35）任陇西太守，缮甲兵，治城郭，劝耕牧，安定西羌，陇右清静。随后，马援拜"伏波将军"，平定交趾，封新息侯。曾以男儿当"死于边野""马革裹尸"自誓，出征匈奴、乌桓。建武二十三年（47），以62岁高龄南征武陵五溪蛮，二十五年（49）病逝于军中。马援出生入死，为刘秀统一天下立下了赫赫战功。在戍边西北时，极喜养马，通相马骨法。后综合各家相法，铸成铜马，高三尺五寸，围四尺五寸，以为名马之模式，著有《铜马相法》。

马援墓位于扶风县城西南约3.5千米处，东、西伏波村之间。墓冢似覆斗形，南北长28.5米，东西宽25米，高6米，原有墓地10亩，现已开垦为农田。墓前原有华表1对、石案1座、石碑2通，现仅存石碑，其一碑首连同华表、石案已于1978年毁坏。一碑为乾隆四十一年（1776）陕西巡抚毕沅书"汉伏波将军马公墓"，另一碑为乾隆二十九年（1764）马氏后裔制"始祖伏波将军马公讳援墓"。冢北还有"汉伏波将军马援墓"碑1通。

三国两晋南北朝

前秦世祖苻坚墓

前秦世祖苻坚（338—385），字永固，略阳临渭（今甘肃天水）人，十六国时期前秦的君主，公元357—385年在位。苻坚是氐族人，他博学多才，注重学习汉文化。因其堂兄秦厉王苻生残暴，苻坚于357年发动政变，取而代之，成为前秦历史上第三位皇帝。苻坚在位前期励精图治，任用汉人王猛为谋士，推行一系列政策，与民休息，加强生产，劝课农桑，广兴学校，使前秦成为十六国的最强者，成功统一北方。后来苻坚渐骄，对局势做出了错误的判断。公元383年，苻坚一意孤行，强征90万大军南下，企图消灭东晋。东晋谢安派谢玄等将领率兵8万迎战。令人难以置信的是，东晋以少胜多，在淝水大败前秦军队，这就是历史上以少胜多的著名战例——淝水之战。成语"投鞭断流""草木皆兵""风声鹤唳"皆来自于本次战争。淝水之战以后，前秦陷入混乱，北方各族纷纷反秦自立。385年，苻坚在新平（今陕西彬县）被大将羌人姚苌逼杀，葬于彬县，终年48岁。

苻坚墓位于今彬县西南15千米的水口镇九田村，占地面积400多平方米。该墓保存较好，墓冢坐南朝北，斜长梯形，看上去像一个长长的兽角。南头大，北头小，南端最高处3米左右、宽7米，北端高2米、宽3米，南北总长25米。俗称"长角冢"。据说苻坚原来是游牧部落的人，长角即取义于畜牧牛、羊之意。墓前有清代陕西巡抚毕沅手书"前秦国王苻坚之墓"碑，乾隆四十一年（1776）立。现为陕西省重点文物保护单位。

西魏文帝永陵

西魏文帝元宝炬（507—551），鲜卑族，北魏孝文帝之孙。公元534年，北魏孝武帝元修逃至长安，被宇文泰所杀，次年七月，立元宝炬为帝，定都长安，年号大统，史称西魏。

文帝在位期间，宇文泰为大丞相，独揽朝政，任用汉人，推行均田制，创立了府兵制。社会安定，国力日趋强盛，有效地抗击了东魏的多次进攻。元宝炬在位17年，于551年驾崩，终年45岁，葬于永陵。

永陵是西魏文帝与皇后乙弗氏的合葬墓，位于陕西省富平县城东南约15千米处留古镇大冢何家村。封土呈圆丘形，底径约80米，高15米。陵前神道原有大量石刻，为南北朝时期的石刻艺术珍品，除了部分迁藏于西安碑林外，多数毁于20世纪五六十年代。陵前现仅存石刻1件，形如獬豸，高2米多，昂首伫立，张口瞋目，造型庄重。该陵现为全国重点文物保护单位。

永陵东侧有一座小陪葬墓，高5米，周长约百米。其墓主身份一说是帝妹平原公主元明月。永陵附近群众传说：文帝出殡之日，其妹平原公主为之送葬，伤心过度，暴死陵旁，遂陪葬永陵。当地至今仍有姐妹回避为兄弟送葬的习俗。

北周武帝孝陵

北周武帝宇文邕（543—578），是北周第三位皇帝，鲜卑族，代郡武川（今内蒙古武川西）人，北周文帝宇文泰第四子，是一位杰出的政治家和军事家。他在位期间（560—578），几次下诏释放奴婢和杂户，解放社会生产力；吸收广大汉族人民参加军队，扩大了兵源，加强了军事力量，促进了民族融合；禁佛、道二教，罢沙门、道士，使数百万寄生的僧、尼、道士变成自食其力的劳动者，从事生产；颁发《刑书要制》严惩贪污盗窃；提倡节俭。578年，北周武帝病死于行军途中，年仅36岁，葬于孝陵。但是，由于史书记载不详，加之北周帝陵不封不树，既无陵园标志，更无石刻仪卫等，因此，孝陵的具体位置长期以来一直是个谜。直到1993年及1994年，随着孝陵接连被盗，才对此进行了考古发掘。

孝陵位于今陕西省咸阳市渭城区底张镇陈马村东南约1千米处，西距唐顺陵约1500米。墓葬总体坐北向南，墓道全长68.4米，由斜坡墓道、5个天井、5个过洞、4个壁龛及甬道、土洞式单墓室组成。其形制与已发现的北周皇室、贵族，大臣的大、中型墓大体相同。孝陵虽经多次盗掘，仍出土了陶俑、陶瓷器、玉器、铜器、金器、志石等数百件文物。

天元皇太后玺

金器中的"天元皇太后玺"尤为珍贵，纯金制成，重802.56克，獬豸纽，正方形玺面，边长4.45厘米、宽4.55厘米、盒纽通高4.7厘米。玺面阳刻"天元皇太后玺"6个篆体字，章法独特，今保存在陕西省咸阳博物馆，是国家一级藏品。天元皇太后就是北周武帝宇文邕的皇后，她是突厥可汗的女儿阿史那氏，貌美贤淑。宇文邕驾崩后，被其子孙尊为天元皇太后、天元上皇太后、太皇太后，历经三朝，死后与武帝合葬孝陵。"天元皇太后玺"是我国目前发现的最早的皇太后金印，它为研究北周皇家丧葬制度提供了重要依据，填补了考古学上这一历史时期的空白。孝陵还出土了二合志石，一为"大周高祖武皇帝孝陵"，一为"周武德皇后志铭"。志文证明此墓确系北周武帝与皇后阿史那氏合葬的孝陵。

隋 唐 时 期

隋文帝泰陵

隋文帝杨坚（541—604），弘农华阴（今陕西华阴）人，是西魏大将军杨忠之子，汉太尉杨震的十四世孙。581年杨坚称帝，建立隋朝，建都长安，年号开皇。589年统一全国，结束了近300年的分裂局面。他确立了三省六部制，加强了中央集权，制定了《开皇律》，创立了科举制，隋朝疆域东、南皆至海，西至青海，北至五原。他在位期间，社会安定，经济富庶，人民安乐，史称"开皇之治"。

公元604年，隋文帝驾崩，同年十月与皇后独孤皇后合葬于泰陵，庙号高祖，谥号文皇帝。泰陵原名为太陵，清朝时发现并修缮，改为现名"泰陵"，又名杨陵，营建于隋仁寿二年（602），位于陕西杨凌区五泉镇王上村，隔渭河与终南山相望。

陵园遗址周围有平面呈长方形的城垣，东西长592.7米，南北长628.9米，墙基宽约4.4米，陵园总面积约37万平方米，四面的墙垣各有一门，门外分别有一对门阙，现仍保存有阙楼的基址。陵园中部偏东南部有一覆斗形陵冢，高27.4米，夯筑而成。顶部平坦，东西长42米，南北长33米。陵冢底部东西长 155 米，南北宽 153 米。隋文帝提倡节俭，故其陵规模较小，与秦汉皇陵的规模相比，这座开国君主的最后归宿显得寒酸了一些。如今，园内地面建筑已荡然无存，只有清乾隆年间陕西巡抚毕沅手书碑刻 1 通，高约 3.5 米，宽 0.95 米，厚 0.28 米，上刻"隋文帝泰陵"5 个大字。陵园外有隋文帝庙遗址，是后裔及百姓祭祀的地方。

隋文帝泰陵的发掘，确认了陵园遗址的布局、范围及陵墓玄宫墓道部分结构，在中国陵寝史上具有承前启后的地位，为以后唐宋陵寝的发展奠定了基础。

隋恭帝庄陵

隋恭帝杨侑（605—619），炀帝孙。炀帝为躲避农民起义的冲击，避居江都（今江苏扬州），杨侑留守长安。617 年，李渊自太原起兵攻入长安，立杨侑为帝。炀帝死，李渊逼杨侑退位，自行称帝，隋亡。杨侑在特殊形势下当了半年傀儡皇帝，于 619 年死去，谥恭皇帝，年仅 15 岁，葬于庄陵。

庄陵位于陕西省乾县阳洪乡乳台村南 500 米处，俗称"方陵"。封土呈覆斗形，底部东西长 82 米，南北长 76 米，残高 15.8 米。

牛弘墓

牛弘（545—610），字里仁，隋安定鹑觚（今甘肃泾川东南）人，历仕北周和隋。隋文帝时，拜礼部尚书，后任吏部尚书。隋炀帝继位后，又任上大将军、光禄大夫。他为官30多年，出将入相，深受皇上倚重。牛弘精通仪礼、律法，修《五礼》，撰《大业律》，成一代之典章，为隋唐时期礼法制度的确立作出了重大贡献。他还收集藏书，整理文献，编成目录。他为人仁厚，生活俭朴，酷爱读书。有淡雅之风，怀旷远之度，被誉为"大雅君子"。大业六年（610），牛弘随同炀帝巡幸，病逝于江都，终年66岁。炀帝悲痛万分，追赠他为开府仪同三司，谥号"宪"。

牛弘墓有三处：一在陕西长武县，一在甘肃灵台县，还有一处在山西垣曲县。长武牛弘墓位于咸阳市西北150千米处长武县相公镇相公村，是陕西省重点文物保护单位。墓冢封土为夯筑圆丘形，底径16米，高约8米。墓前现有"牛宏墓碑"1通，牛宏即牛弘，因清代避弘之讳而改为宏。牛弘墓附近村落曹姓居多，皆自称牛氏后裔，相传牛弘之子因罪获满门抄斩，族人遂以"牛不离槽"名义而改姓曹。

牛弘墓旁边有两个裸体石像，引起了后人的猜测。有人判断其皆为裸体女性，但在当地，人称其一为石爷、一为石奶。从体形上来看，两者均袒腹露乳，双腿齐跪，双手交叉于胸前，造型颇为相似，据专家测量，石爷高1.12米，石奶高1.35米。雕工囫囵，写意刻深。这两个石人到底承载了什么样的历史信息，只能由后人慢慢去猜想和解读了。

唐太祖永康陵

永康陵是唐太祖李虎的陵墓。李虎（？—551），陇西成纪（今甘肃天水）人。他是十六国时期西凉开国君主李暠之五世孙，也是唐朝开国皇帝李渊之祖父。西魏时，官至左仆射、太尉，受封为陇西郡公。与宇文泰及太保李弼、大司马独孤信等八人皆为柱国大将军，号称"八柱国"，荣盛恩宠，无与伦比。北周受禅立国后，追封为唐国公。李渊建唐后，于武德元年（618）追尊李虎为景皇帝，庙号太祖，并将李虎墓迁葬于关中，建永康陵。

永康陵在今陕西三原县东北18千米的陵前镇肖家村西南。陵园内除陵冢封土及部分石刻残存外，原墙垣四至、阙楼等地面建筑已荡然无存，封土堆周围已被群众开垦为平坦的耕地。永康陵积土为陵，陵区布局比较规范，陵园内有一覆斗形封土，东西长37米，南北宽34米，残高约8米，周围广植松柏，郁郁葱葱。封土南有一条神道为南北轴线，神道两侧设置石像生两列，南北长205米，东西宽30米。石刻由南往北依次为华表1对、天禄1对、石马2对、石人1对、石狮1对，但多数残缺。

永康陵石刻具有明显的时代特征。一方面继承了南北朝时期陵墓石刻的特点，另一方面又有较大的创新。石刻种类和数量逐渐增多，雕刻技法和表现形式亦趋于写实。永康陵首次在陵的前列置石马，对后世颇具影响。石狮造型浑润传神，雕刻生动有力，是我国初唐石狮雕刻中的精品之一。华表柱身呈八棱形，与南朝帝陵前的石柱有很大不同，而且受佛教文化影响，覆莲八棱盘、仰莲盆及火焰宝珠等佛教艺术元素出现在华表上。据文物考古工作者实地调查，目前已经发现永康陵有12座陪葬墓。

唐世祖兴宁陵

唐世祖李昺（514—572），是唐太祖李虎之子，唐高祖李渊之父。李昺在北周时任总管、柱国大将军，袭唐国公，北周建德元年（572）病逝，享年59岁，葬于咸阳。李渊建唐后，尊其父为元皇帝，庙号世祖，追尊李昺墓为兴宁陵，取李唐王朝兴起和安宁之意。

兴宁陵位于今陕西省咸阳市渭城区正阳镇后排村，是陕

兴宁陵石雕

西省重点文物保护单位。兴宁陵现存封土高度仅5米，直径3.5米。封土南原有石雕刻两列，由南往北依次为石华表1对、石天禄1对、石鞍马2对、石人3对、石蹲狮1对，多数石刻已经残缺或半埋于地下。

兴宁陵虽为北周初年所修造，但陵前的石刻却为初唐武德元年所补造，雕刻造型和工艺风格带着明显的隋朝及北周特色。而且，陵前石刻的品类和数量都与后来的唐陵有很大差异。兴宁陵前的石刻均系镇墓扬威之物，它们造型独特，有极高的艺术价值，而且石刻的布局陈设也为后来的唐帝王陵所仿效。这些石刻也成为研究唐代帝王陵墓的珍贵实物资料。

唐高祖献陵

唐高祖李渊（566—635），字叔德，陇西成纪（今甘肃天水）人。隋末天下大乱时，李渊从太原起兵，攻占长安。义宁二年（618），李渊正式称帝，建立唐朝，定都长安，并逐步消灭各地割据势力，统一全国。武德九年（626），玄武门之变后，李世民继位，李渊被尊为太上皇。贞观九年（635），李渊病逝，谥号太武皇帝，庙号高祖，葬在献陵。

献陵位于陕西省三原县徐木乡永合村，为国家重点文物保护单位。这是唐代第一座帝王陵，依然是堆土成陵的墓葬形式。陵园坐北朝南，封土呈覆斗形，底边东西长150米、南北宽120米，顶部东西长30米、南北宽10米、高21米。

唐高祖献陵前的石犀

封土前矗立着一块高大的石碑，但是字迹已经无法辨认。

献陵修建之初没有陵邑，分为内外城，规模宏大。内城四面各置一门，门内各有石虎1对，南门外矗立着1对高大的华表和1对石犀。历经千年沧桑，地面建筑已经不复存在。如今东侧华表还在，西侧只留基座。华表座上浮雕盘龙，顶部上蹲狐，用笔十分简洁，造型极为生动，被誉为"唐陵第一华表"。石虎、石犀体态雄健，形象逼真，线条虽然简洁，却显强劲有力。目前在献陵只能看到南门东侧的石虎和石犀。另一只石犀和石虎被移入陕西省碑林博物馆陈列。献陵石刻品类简单，具有浓厚的初唐艺术风格，是研究唐代历史的珍贵实物资料，价值极高。

唐太宗昭陵

唐太宗李世民（599—649），是中国历史上最伟大的皇帝之一。在隋末李渊起兵反隋以及统一全国的战争中，立下显赫的战功。武德九年（626），李世民发动玄武门之变，铲除了太子李建成和齐王李元吉的势力，自己称帝，改元贞观。李世民在位期间，注重整顿吏治，发展农业经济，且知人善任，善于纳谏，开创了"贞观之治"的良好局面。贞观二十三年（649）唐太宗病逝，终年52岁，葬于昭陵。

昭陵是唐太宗李世民与长孙皇后的陵寝，位于今陕西省礼泉县东北22.5千米的九嵕山上。九嵕山海拔1188米，气势雄伟，山峦起伏，树木葱绿。昭陵于贞观十年（636）开始营建，直至贞观二十三年（649）基本完工，前后用了13年时间，开创了"依山为陵"的制度。陵园周长60多千米，占

昭陵六骏之飒露紫

地约200平方千米，由陵园、下宫建筑、祭坛和陪葬区等组成。陪葬墓有180余座，呈扇形展开，气势宏伟。

陵园仿照唐长安城的建制设计，陵寝居于陵园最北部，相当于长安的宫城，可比拟皇宫内宫，在地下是玄宫，在地面上围绕山顶建为方形小城，城四周有四垣，四面各有一门。昭陵玄宫建筑在山腰南麓，穿凿而成，深75丈，石门5道。墓室到墓口的通道，用3000块大石砌成，每块石头有2吨重，石与石之间相互铆住。宫室制度闳丽，陵墓的外面又建造了华丽的宫殿。可惜的是，陵园的地面建筑，今天已经荡然无存。

昭陵司马门内列置了14国君主的石刻像，包括突厥、吐蕃、高昌、焉耆、于阗、薛延陀、吐谷浑、新罗、林邑等国君主。他们体格强健，深目高鼻，有的卷发，有的辫发，有的向后梳拢，有的头戴兜鍪，服装有翻领和偏襟两种，是研究唐代民族关系的重要实物资料。非常遗憾，这些石像在早年已遭严重破坏，如今可见者只有7个题名像座和几件残像块。

昭陵远景

昭陵还保存了大量的唐代书法、绘画及雕刻作品。昭陵陪葬墓志碑文多出自书法名家之手，壁画造型生动，皆有很高的艺术价值。昭陵最有名的文物还属"昭陵六骏"。昭陵六骏是唐太宗为了纪念追随自己南征北战建立赫赫战功的六匹骏马，在埋葬长孙皇后之后下诏雕刻的。据说六骏图样是由著名设计师阎立德设计，各高2.5米，横宽3米，青石浮雕，姿态各异，威武雄壮，线条简洁有力，造型栩栩如生，鲁迅先生曾称其"前无古人"。遗憾的是六骏中"飒露紫""拳毛騧"二骏于1914年被盗运至美国，现保存在宾夕法尼亚大学博物馆，其余四骏"特勒骠""青骓""什伐赤""白蹄乌"现存于西安市碑林博物馆。

唐高宗、武则天乾陵

乾陵是唐高宗李治和中国历史上唯一的女皇武则天的合葬墓，这是中国也是世界上唯一一座同时埋葬两位皇帝的陵墓。历经千年风雨之后，乾陵仍有很多未解之谜，正如其墓主人一样独特和神秘。

唐高宗李治（628—683），是唐太宗第九子，母亲为长孙皇后。16岁立为皇太子，公元649年继位。在他统治初期，唐朝社会政治清明，经济繁荣，文化发达，人民安乐，史家称永徽之政，有贞观遗风。由于李治患有头痛，朝政多由皇后武则天处理，武则天逐渐将大权独揽，形成"二圣"的局面。公元683年，高宗病逝，终年56岁，葬于乾陵。

武则天（624—705）是中国历史上唯一的女皇帝，她原本是太宗李世民的一个才人，但因聪明智慧，富有心机，后被唐高宗立为皇后，又于公元690年正式登上皇帝的宝座，成为一代女皇。在她实际统治的近50年时间里，唐朝的社会政治、经济、文化、外交等得到蓬勃发展。705年，武则天病重，宰相张柬之等发动政变，武则天被迫让位于中宗李显。同年，武则天驾崩，终年82岁。次年，中宗皇帝将武则天葬入乾陵。

乾陵位于陕西省咸阳市乾县县城北6千米的梁山上，气势壮观。梁山共有三峰，乾陵位于海拔最高的北峰，南面两峰较低，东西对峙，上面各有土阙，当地人称"奶头山"，乾陵以山为阙，气势雄伟。陵园模仿京师长安城修建，原有内外两重城墙，4个城门以四神命名，即南为朱雀门，北为玄武门，东为青龙门，西为白虎门。门外各置石狮1对，筑阙台1对。还有献殿、偏房、回廊、阙楼等许多宏伟的建筑。现在大都湮没，仅余一些建筑物的基址。

陵墓前是一条宽敞的司马道，因山势而北高南低。神道自南而北依次设置华表1对、翼马1对、鸵鸟1对、石马5对、翁仲10对；有石碑2通，东为无字碑，西为述圣记碑；还有61尊番王石像、石狮1对等。在这些石刻中，高大的无字碑历来是最受瞩目的，引起无数后人的猜测与遐想。述圣记碑由武则天撰文、中宗楷书，内容主要为高宗皇帝歌颂功德。61尊番王石像是为了纪念参加唐高宗葬礼的61位少数民族首领和外国特使们而雕刻的。他们皆衣窄袖，腰束宽带，足蹬皮靴，两手前拱，毕恭毕敬，彰显了大唐王朝统一万邦的荣耀。遗憾的是，这些番王石像的头部几乎损毁无存。

乾陵的石刻无论数量规模还是造型艺术都超出了以往水

乾陵神道

平，其雄浑的气势也体现了大唐的雍容大气。在中国历史上，陵前石刻的数目、种类和安放位置从乾陵开始才有了固定制度，后世多有沿袭，历代大同小异。

乾陵东南部分布着太子墓、公主墓、大臣墓等许多陪葬墓，有的已经被发掘，出土了许多珍贵的文物。

乾陵是唐陵中保存最好的一座陵墓。寝宫位于山腰，墓道长63.1米、宽3.9米，全部用石条填砌，共39层。每层石条之间都用铁栓板固定，并用铁浆灌注。据文献记载，唐末黄巢起义军、后梁耀州节度使温韬、民国时期军阀孙连仲等都曾组织大军试图发掘乾陵，却因找不到墓道口或风雨大作而作罢，这也更增添了乾陵的神秘感。

唐中宗定陵

唐中宗李显（656—710），是唐高宗李治与武则天所生第三子。683年，唐高宗去世，17岁的李显即帝位，在位仅55天，即被武则天废为庐陵王，居房州（今湖北房县）14年。神龙元年（705），武则天病重，宰相张柬之等发动政变，50岁的李显被拥立复位，李显立韦氏为皇后。李显昏庸懦弱，宠信韦后，致使韦、武两族结为朋党，专擅国政。景龙四年（710），李显被韦后、安乐公主合谋毒死，时年55岁。经过近5个月的紧张修造，定陵仓促完工，李显正式下葬，庙号"中宗"。

定陵位于陕西省富平县西北的凤凰山上，因山势极似凤凰展翅而得名。依山为陵，玄宫凿建于山南麓。地宫墓道入口开凿在中部的凤头梁上，左右两条山梁恰成陵园东西墙垣的天然基座。墓道用青石条叠砌封闭，石条间使用铁栓板套接，且用铅水灌缝。

定陵坐北朝南，可分为3个功能区：陵园以及神道为主体建置；其南部偏东的山脚之处设下宫区；东南部为陪葬墓区。

陵园为土质夯筑城垣，是为神墙，平面近似长方形，东西宽约1500米，南北长约1750米，四面各辟一门，以四神命名。门外各置石狮1对，筑阙台1对。城垣四隅建有角楼，今东南和西南角楼基址仍在，残高1.5米。神道长623米，大体依乾陵石刻制度，自南而北依次排列有：华表、翼马、鸵鸟各1对，仗马3对，石人（翁仲）5对，番客石像1对，无字碑1通等。遗憾的是，这些石刻大多于20世纪60年代被毁。原高5米、宽2米、厚1.3米的无字碑，也被改成碾子。现仅存石狮、翁仲、仗马等7件。

陪葬墓原有封土大冢15座，现尚存10座，余皆夷平。目前经过发掘可以确定身份的仅有李重俊墓1座。

李重俊墓

李重俊（？—707）是中宗第三子，神龙二年（706）被立为太子。第二年，李重俊发动兵变，诛杀武三思父子，随后攻打宫城，失败之后被部下所杀。睿宗即位后，于景云元年（710）追复其太子名号，追谥"节愍"，陪葬定陵。

李重俊墓位于陵园东南新堡子乡新堡子村，是距定陵最近的一座陪葬墓。陵园东西宽120米，南北长150米，设门阙、角楼。现存封土呈覆斗形，底角径45米，高约26米。墓前尚存石狮、翁仲各1件。根据考古发掘可知，该墓由长斜坡墓道、5个天井、5个过洞、4个壁龛及砖砌双室组成，出土了大量彩绘俑、陶器、瓷器残片及汉白玉谥册、哀册残片等。壁画内容丰富，价值极高，墓道两侧绘有仪仗图和马球图，尤其是首次发现面积很大的山石树木画面，每壁长达10余米，颇为罕见。甬道顶部绘两组祥云瑞禽图。过洞、甬道绘侍女、文官。壁画工笔重彩，艺术精湛。

　　另外值得一提的是，在陵区西南2.5千米处，有一总面积约1平方千米的唐代窑址，出土有大量建筑用砖、瓦、鸱尾等。该窑应是为兴修包括定陵在内的附近几座唐陵建筑而设的官窑。

唐睿宗桥陵

　　睿宗李旦（662—716），武则天与高宗李治所生第四子，唐中宗李显之弟，唐玄宗李隆基之父。嗣圣元年（684），中宗李显被废为庐陵王，李旦第一次被立为皇帝，但是由武则天临朝称制，执掌政权。天授元年（690），武则天正式称帝，李旦退位，结束了6年傀儡皇帝的生活。神龙元年（705），武则天在政变中被迫退位，中宗李显复位。景龙四年（710），李显驾崩，李旦第二次即皇帝位。先天二年（713），李隆基发动政变,铲除了太平公主的势力,李旦再次退位,由李隆基正式登基。他一生中两次登上皇位,却三次让出天下。幸运的是,在那个政治斗争非常激烈,许多人都不明不白地为了权力而不得善终的时代,他能敏锐地洞察形势,在每一次关键时期,做出睿智的退让,因而得以保全自身,也维护了大唐王朝的稳定。开元四年(716),李旦病逝,享年55岁,葬于桥陵。桥陵,位于陕西省蒲城县西北约15千米的丰山(唐时称桥山)。桥陵依山为陵,玄宫及墓道凿于丰山南麓。墓道全长70余米,宽3.78米,伸入山腹约20米。墓道内由南向北以石条叠砌封固,间缝用石灰灌注。

陵园依山势构筑夯土城垣,平面略呈方形。桥陵布局和建筑规模基本上沿袭乾陵,陵园周长约13千米,占地面积8.5平方千米。四面各有1门,以四神命名,门外各置石狮1对、筑阙台1对。陵园四隅建角楼、今角楼基址尚在。朱雀门内有清陕西巡抚毕沅书"唐睿宗桥陵"碑一通。

朱雀门外设神道,长约625米,宽110米,其南端为乳

桥陵东门狮子日出

台1对。神道自南而北依次排列华表1对、獬豸1对、鸵鸟1对、仗马5对、翁仲10对。桥陵建成于唐开元盛世时期，建筑风格亦彰显大唐气象。桥陵石刻排列成行，气势磅礴，造型饱满，整体统一，采用"体线并重"的处理手法，体积感强，是唐代雕刻艺术的精华，也是世界雕刻艺术之瑰宝。桥陵陪葬墓分布于陵园东南方，据史书载共有太子墓、公主墓和大臣墓等8座陪葬墓。

唐玄宗泰陵

唐玄宗李隆基（685—762），又称唐明皇，唐睿宗李旦第三子。景云四年（710），李隆基与太平公主合谋发动政变，杀死韦皇后，拥立李旦即位，李隆基被立为太子。延和元年（712），李隆基再次发动政变，铲除太平公主党羽，受禅即

泰陵翼马星轨

位，年仅28岁，在位44年。唐玄宗统治初期，整顿吏治，任用贤相，开创了"开元盛世"的鼎盛局面。在他统治后期，日益骄奢，怠于政事，宠幸杨贵妃，终致"安史之乱"爆发，玄宗被迫逃往四川。至德元载（756），太子李亨在灵武（今宁夏灵武西南）即位，遥尊李隆基为太上皇。第二年，玄宗回到长安，晚景凄凉。宝应元年（762）病逝，享年78岁。葬于泰陵，庙号玄宗。

泰陵位于陕西省蒲城县东北15千米的金粟山西峰的尖山之上，依山为陵。其山顶向左右伸出两条环抱状的巨大山梁，对尖山形成拱卫，玄宫凿建于突兀而起的尖山南麓，陵园东西神墙恰到好处地分别建在左右两侧的山梁之上，使陵园具有一种浑然天成的昂扬气派。加之尖山周围山峦起伏，更衬托出山陵的雄浑与深远，充分显示出古人对"形势"和"气脉"的追求。

泰陵坐北朝南，规模浩大。陵园以及神道为主体建置，其南部山脚处设下宫区，陪葬墓设在下宫区东侧。整个陵园平面略呈方形，四周的土质夯筑城垣随山势自然起伏。墙垣四隅曾建有夯筑角楼，今角楼基址无存。神墙四面中部各辟1门，称为神门。门外各置石狮1对、各筑夯土阙台1对。

南神门外设神道，长439米，较之前唐陵更加宽广，其两侧所置石刻依乾陵模式，自南而北依次排列有华表1对、翼马1对、鸵鸟1对、仗马5对、翁仲10对。泰陵石刻与乾陵、桥陵石刻相比，体形变小，注重写实，风格细腻，由盛唐之大气转向平和。尤为值得注意的是，泰陵的翁仲改变了以前唐代诸陵一律为直阁将军的造型，首次将文臣武将分行排列，文臣执圭，武将持剑。同时，门前石狮也以雌雄分立。

泰陵的陪葬墓只有元献皇后杨氏和宦官高力士的2座。

唐肃宗建陵

唐肃宗李亨（711—762），是唐玄宗第三子。开元二十六年（738）立为太子。天宝十四载（755），安史之乱爆发，马嵬驿兵变后，李亨被玄宗任命为天下兵马元帅，领朔方、河东、平卢节度都使，负责平叛。天宝十五载（756）七月，46岁的李亨在灵武即位，改年号为"至德"。他任用郭子仪为朔方节度使，李光弼为河东节度使，又借回纥兵平叛。唐肃宗重用宦官李辅国，导致宦官势力日益嚣张。又听任张皇后专权乱政。宝应元年（762）李辅国带兵入宫诛杀张皇后，李亨受到惊吓，病死于大明宫长生殿，与玄宗去世仅隔13天。第二年，葬于建陵，庙号肃宗。

建陵位于陕西省礼泉县正北15千米的武将山南麓，依山为陵。陵区由陵园、下宫和陪葬墓区等组成。陵园坐北朝南，平面因3条纵贯的山梁而凸凹起伏，呈南宽北窄的不规则四边形。以四隅尚存角楼基址间距计量，东、西、南、北四墙直线距离分别为1524米、1373米、1050米和879米。神墙早已坍毁，东墙尚留部分夯土残基。神墙四面中部各辟1门，称为神门，门外各置石狮1对，夯筑阙台1对。其中门前石狮依桥陵所开先例，以雌雄分立左右，雄者卷鬣，雌者直鬣。

南神门外设神道，长763米。神道恰巧被一条沿门外中轴线切割出来的沟壑分为左右两半，石刻自南向北依次排列，有华表1对、翼马1对、鸵鸟1对、仗马5对以及文武分立左右的石人10对等。其中1只鸵鸟现藏碑林博物馆。建陵石刻与同时期雕造的泰陵石刻大体相同，其布局模式与乾陵相同，虽体形不及乾陵、定陵、桥陵等盛唐石刻那样硕大，但雕工更加精细讲究，更注重写实，堪称唐代石刻艺术的精华。

下宫遗址，位于陵园南神门西南2.2千米处，地势较为平坦，目前仅存长110米、宽70米的建筑基址。陪葬墓位于陵园南偏西。此地原有封土6座，今仅存郭子仪墓1座。

唐代宗元陵

唐代宗李豫（727—779），初名俶，唐肃宗长子。15岁封为广平王，安史之乱爆发，他跟随肃宗至灵武，任天下兵马元帅，与郭子仪等统帅诸将收复两京。乾元元年（758）被立为皇太子。宝应元年（762），唐肃宗驾崩，李豫被李辅国等拥立为帝。

代宗即位后，宦官李辅国专权擅政，竟对李豫说："大

元陵

家但居禁中，外事听老奴处分。"代宗委曲求全，尊称他为"尚父"，凡事请李辅国参与决策。公元763年，安史之乱被平定，但是藩镇割据局面继起，吐蕃、回纥也常来侵扰，唐朝由盛转衰。代宗又笃信佛教，常于宫中供养僧人百余人，京畿良田美宅多归僧寺。大历十四年（779），代宗病逝，在位17年，终年53岁，葬于元陵。

元陵位于富平县西北15千米的庄里乡陵里村的檀山上。元陵依山为陵，玄宫凿建于山南麓。陵园为夯筑城垣，平面呈不规则矩形；四面各辟1门，以四神命名，门外各置石狮1对，筑阙台1对。朱雀门外设神道，长600余米。由于安史之乱后经济拮据，一切从简，元陵建制已大不如前，今陵园地面建筑早已荡然无存。神道石刻应承前制，但今仅存翁仲1尊、翼马1件，玄武门外尚有仗马5件。翁仲高2.6米，戴冠，着宽袖长袍，双手持笏。

唐德宗崇陵

唐德宗李适（742—805），代宗长子。广德二年（764）被立为皇太子，大历十四年（779）即位。他励精图治，政局为之一新。建中元年（780），采用宰相杨炎建议，废除租庸调制，改行"两税法"，朝廷财政状况有所好转。德宗决心加强中央集权，裁抑藩镇势力，却由于条件不成熟、措施不得当，最终以失败告终。长安被叛军占领，德宗仓皇出逃奉天（今陕西乾县），平叛后返回长安，对藩镇再也无可奈何。

贞元二十一年（805）正月，李适病逝，葬于崇陵。

崇陵位于陕西省泾阳县北20千米的嵯峨山南麓。登上嵯峨山顶，可见泾、渭、黄诸河从山间流过。崇陵就在山水之间，高突墓冢，用青石块垒砌，嵌凿石槽，浇灌生铁汁，卡有铁栓板，十分坚固。有传说陵墓是在一枝九瓣铁莲花的中央。

崇陵依山为陵，玄宫在嵯峨山主峰东边。陵园以山势构筑夯土城垣，东西长，南北窄，平面呈不规则矩形。陵园建制与前几座唐陵一致，城垣四面各辟1门，神门外各置石狮1对，筑阙台1对。四隅有角楼。朱雀门（南神门）外设神道，长596米，宽71米，其南端筑乳台1对。神道自南而北依次排列华表、翼马、鸵鸟、仗马、翁仲等石刻造像，再往前有清代陕西巡抚毕沅书"唐德宗皇帝之陵"碑。城垣今已无存，局部地段尚存夯土墙基。史书记载，德宗入葬时，空海参加了葬礼，见证了中日之间的友好。现存石刻主要是四门石狮和神道石刻。今崇陵周围尚未发现陪葬墓。

崇陵

唐顺宗丰陵

唐顺宗李诵（761—806），德宗长子，大历十四年（779）被立为太子。贞元二十一年（805），李诵中风口哑，德宗急火攻心，生病而死，李诵即位。他任用王叔文、王伾为翰林学士，任用柳宗元、刘禹锡等革新派，革除弊政，贬斥贪官，罢去宫市，停止盐铁使的月进钱和地方进奉，史称"永贞革新"。顺宗又筹划夺取宦官手中的兵权，引起宦官不满。俱文珍为首的宦官勾结藩镇势力，对改革进行反扑，以李诵多病、口哑为由，逼迫李诵退位，称太上皇，禅位于太子李纯，并贬斥王叔文、王伾等革新派，柳宗元等8人均被贬为外州司马，史称"二王八司马事件"。改革以失败而告终，顺宗在位仅8个月，于元和元年（806）病死于兴庆宫，葬于丰陵。

丰陵位于陕西省富平县东北的曹村乡陵前北堡村金瓮山，依山为陵，极似卧虎。依唐制，陵园为夯筑城垣，平面呈不规则矩形，四面各辟1门，以四神命名，门外各置石狮1对、筑阙台1对，城垣四隅建角楼，朱雀门外设神道。今陵园遗迹所存无几，原有石人、石马、石狮、鸵鸟、翼马、华表等石刻50多件，现仅存石狮、华表各1件，且损毁严重。唐十八陵中，保存最差的当属丰陵。

陵山前另有清乾隆四十一年（1776）陕西巡抚毕沅书"唐顺宗丰陵"碑1通。陵南有下宫遗址，陵园东南为庄宪王皇后陪葬墓，封土已平。

唐宪宗景陵

唐宪宗李纯（778—820），原名李淳。永贞元年（805）立为太子，同年，宦官俱文珍等迫其父李诵退位，拥立28岁的李纯登基，年号元和。宪宗是唐朝后期比较有作为的皇帝，他在位期间，整顿江淮财赋、增加财政收入，平定藩镇，全国出现了暂时的统一，史称"元和中兴"，宪宗被誉为唐代的"中兴之主"。唐宪宗由宦官拥立上台，遂不抑宦官。晚年好神仙，嗜服"长生药"而暴躁易怒。元和十五年（820），43岁的唐宪宗被宦官陈弘志所弑。新即位的唐穆宗，仅用了不到5个月的时间，为宪宗修建了景陵。

景陵位于陕西省蒲城县城西北约13千米的金帜山上。山势高耸铺张，有如悬斾。景陵坐北朝南，居高临下，以陵园及神道为主体建置，其南部山脚之下为下宫区，陪葬墓位于陵园南、下宫区北侧。陕西巡抚毕沅书"唐宪宗景陵"碑1通，立于南神门内献殿址上。陵园内还竖立有宋、元、明、清各代祭祀和修葺景陵的石碑40余通。陵园平面随山势起伏而略呈六边形，有土质夯筑城垣，称为神墙。神墙四面各辟1门，门外各置石狮和阙台。地宫位于陵园中部的南峰之下，由地宫墓道口向南顺斜面而下700米便是南神门。神道长626米，两旁原列置有36件石刻，依乾陵建制自南向北依次排列华表、翼马、鸵鸟各1对，仗马5对，石翁仲10对，但多已残损。总体而言，景陵石刻体形变小，线条松散，造型趋于呆板、生硬。与初、盛唐时期雄奇伟岸的气势和中唐时期的精巧华丽形成鲜明对比。据考证，景陵陪葬有懿安郭后、孝明郑后等人。

唐穆宗光陵

唐穆宗李恒（795—824），唐宪宗第三子，母亲郭氏是郭子仪的孙女。元和七年（812），李恒被立为太子。元和十五年（820）宪宗李纯暴毙，25岁的李恒在宦官拥立下即帝位，年号长庆。穆宗登基后，采取了一系列措施努力革除弊政、发展经济，对缓和唐后期的经济矛盾起到一定的积极作用。但穆宗李恒生活奢侈，嬉游无度，甚至胡作非为，贻误政事，致使朝廷宦官专权，朋党相争，藩镇割据愈演愈烈。他经常不顾大局，在宦官的陪侍下游玩、围猎。因在宫中观看马球时，有人坠马而受到惊吓，再加上长期服用金丹中毒，于长庆四年（824）病逝，年仅30岁，庙号穆宗。

光陵位于蒲城县城北10千米的尧山，因山为陵。光陵玄宫位于尧山西岭之阳，陵区各种布局与先祖诸陵类同，墓道、玄宫、神墙、神门、角阙等，与前几座唐陵相似。朱雀门外

光陵

的南神道长530米，宽60米。两列石刻气势磅礴，从南到北，有华表、翼马、鸵鸟、仗马、翁仲等，但目前所剩无几，且多有残损。玄武门外的北神道长90米，宽50米。神道两侧有3对仗马及1对小石狮，如今残损严重。四神门外都有石狮1对。自穆宗起，唐朝已进入晚期。光陵石刻比之桥陵、泰陵，已显得卑弱狭小，唐王朝国势衰微在石刻中体现出来。较为粗疏的矫饰已掩盖不住精神气度的萎靡，盛唐神韵已然远去。

陵园地面建筑荡然无存，西南有下宫，遗址为正方形，东西及南北均长200米，地势平坦，现为耕地。东南有陪葬墓，史书记载，恭僖王皇后和贞献萧皇后陪葬光陵。

唐敬宗庄陵

唐敬宗李湛（809—827），穆宗长子，长庆二年（822）被立为太子，长庆四年（824）即位，年仅16岁。在位期间，内有宦官王守澄、梁守谦揽权，外有权臣李逢吉、牛僧孺专政，皇上成了摆设。他对朝政漠不关心，经常连上朝都会迟到，甚至出现臣僚们等不到皇上而在阁门外晕倒的事情。李湛特别热衷游乐，击鞠、格斗、打猎等都是他的最爱。宝历二年（826），李湛深夜打猎回宫，被宦官杀害，年仅19岁，葬于庄陵，庙号敬宗。

庄陵位于三原县城东北15千米陵前乡柴家窑村，陵园为夯筑城垣，平面呈方形，东西长490米，南北宽480米，四面各辟1门，以四神命名，门外各置石狮1对，筑阙台1对。城垣今已毁废，尚存墙基，宽约3米；城垣四隅角楼台基除西南角已平毁外，其余均在。夯筑封土居陵园中央，呈覆斗形，底边长57米，高17米；前立清代陕西巡抚毕沅书"唐敬宗庄陵"碑1通。朱雀门外神道长约460米，其南端筑乳台1对。神道石刻现存11件，自南而北依次为华表1对、翼马1对、鸵鸟1件、翁仲6尊。6尊翁仲中，东列文官持笏于胸前，西列武官拄剑于地，然而遗憾的是，其中5个翁仲头部于1997年被盗割（文官头像3个、武官头像2个），后仅追回文官头像1件，其他4个尚无下落。还有番臣石像8件，散置于陵内。根据史料记载，庄陵有陪葬墓1座，亦有下宫。

唐文宗章陵

李昂（809—840），穆宗第二子，敬宗之弟，武宗之兄。宝历二年（826），敬宗被宦官杀害，李昂被宦官王守澄和梁守谦等拥立为帝，年仅18岁。文宗即位后，积极采取措施，革除前朝弊政，他释放宫女，放五坊鹰犬，裁撤冗员，不事游猎。当时，宦官专权已经相当严重，他们不仅控制军队，而且能废立皇帝，左右朝政，唐文宗决心铲除宦官势力，从而夺回大权。大和九年（835），他任用心腹李训、郑注等，发动"甘露之变"，企图铲除宦官势力，但密谋泄露，宦官仇世良等带领禁兵诛杀李训及朝官1000余人，文宗也被软禁，朝政完全被宦官控制。开成五年（840），文宗病死于大明宫，终年32岁，在位14年，葬于章陵。章陵位于富平县城西北约15千米的天乳山，依山为陵。

陵园制度，略同丰陵。章陵建于晚唐时期，因国势日益衰败，仇士良等人在营建章陵时，"务从俭约"。历经千年之后，章陵和丰陵一样，在唐十八陵中破坏较为严重。

玄宫位于天乳山南麓，周围的神墙，均筑在天乳山四周的缓坡上，基本上呈方形，周长5000多米。陵园四面各辟1门，以四神命名，四神门处原来各有门阙1对，四隅建有角楼。然而，所有的地面建筑如今已基本夷为平地，只有部分基址可见。四神门外原来各有石狮1对，现仅存石狮残块1件，其余7件已无踪影。献殿遗址在朱雀门内，乳台位于朱雀门南，破坏严重。神道东西两列石刻已经丧失殆尽，现仅存华表1件、石马1件，均已倾倒，石翁仲1件、石座1件及小石人1件，均已被严重破坏。下宫位于陵南，不知其详。陵东南有杨妃墓陪葬章陵，封土夷平。

章陵

唐武宗端陵

唐武宗李炎（814—846），穆宗第五子，文宗之弟。开成五年（840），文宗病重之际，宦官仇士良等伪造诏书，立他为皇太弟，并于文宗病死的当天继位，时年27岁。李炎继位以来，就积极采取措施维护皇权。他采纳宦官仇士良的建议，杀死了文宗所立太子李成美与安王李溶等人。李炎之后又打击宦官，籍没了仇士良的全部家产，任用李德裕为宰相，开始整顿朝纲。一方面，限制藩镇势力，平定了昭义军的叛乱，制止了河东节度使扩大割据的举动，打击回鹘侵扰，安定了北部边疆。另一方面，武宗还大张旗鼓地打击佛教，在全国范围内拆毁寺院，迫使僧尼还俗，没收寺院土地，史称"会昌灭佛"。武宗特别崇信道教，嗜服丹药，导致形容憔悴，难以视朝。会昌六年（846），唐武宗病死于大明宫，年仅33岁，葬于端陵。

端陵位于三原县北15千米的徐木乡桃沟村，堆土成陵，形制如汉陵。夯筑封土居陵园中央，高15米，呈覆斗形，底边东西宽58米，南北长60米。陵园为夯筑城垣，平面略呈方形，东西宽540米，南北长593米。四面各辟1门，以四神命名，门外各置石狮1对、筑阙台1对，城垣四隅建角楼，地面建筑早年已毁。朱雀门外设神道，长248米，神道自南而北依次排列华表、翼马、鸵鸟、仗马、翁仲等，石刻现存11件，多有残缺。其中有1尊鸵鸟石刻，鸵鸟高和身长均为1.77米，身体肥硕，腿短如鸭，回首反顾，栩栩如生，现藏西安碑林博物馆。史书记载，贤妃王氏深受武宗宠爱，武宗死后，上吊自杀。宣宗即位，嘉其节义，葬于端陵之柏城。

唐宣宗贞陵

唐宣宗李忱（810—859），宪宗第十三子。会昌六年（846），武宗病死，李忱被宦官马元贽等人迎立为皇帝。宣宗即位后，一反武宗的做法，下令复兴佛教，凡是在会昌年间被毁的寺院，不问大小，一律修复，僧尼召回寺院。于是出现了新的崇佛热潮。接着，他将武宗朝宰相李德裕贬到崖州（今海南海口琼山区），李党纷纷被斥，牛僧儒被召还朝，又恢复了武宗时期裁撤的冗员。当时吐蕃、回鹘衰落，河西地区又重新归队于唐。然而，此时的唐朝已经日暮西山，注定无法改变其江河日下的趋势。大中十三年（859），宣宗病死于大明宫，在位13年，享年50岁，葬入贞陵。

贞陵位于泾阳县白王镇的北仲山，因山为陵，范围跨泾阳、淳化两县。陵园依山势构筑夯土城垣，东西窄，南北长，

贞陵

平面呈不规则矩形；四面各辟1门，以四神命名，门外各置石狮1对、筑阙台1对。陵园四隅建角楼。朱雀门外设神道，长505米，宽68米，其南端筑乳台1对，再南约1.5千米处筑鹊台1对。神道自南而北依次排列华表、翼马、鸵鸟、仗马、翁仲等，现存石刻23件。地面建筑只有部分基址保存。朱雀门内有献殿遗址，门外有陵园附属建筑遗址。鹊台西北方发现下宫遗址。陪葬墓情况不详。

唐懿宗简陵

唐懿宗李漼（833—873），唐宣宗长子。大中十三年（859），宣宗病死，宦官拥立李漼登上皇位，改年号为"咸通"。懿宗即位时，唐朝社会矛盾已经相当尖锐，然而懿宗却不思改革，只图享受。他一味地游玩宴饮，生活奢侈到了惊人地步。史载他每个月都要举行十几次大宴，山珍海味无所不有。经常外出游玩，靡费钱财不可胜计。李漼还特别信佛，咸通十四年（873），他不顾群臣谏议，派人去法门寺迎佛骨，广造浮屠、宝帐、香舆、幡花、幢盖以迎之，皆饰以金玉、锦绣、珠翠。自京城至寺300里间，道路车马，昼夜不绝。咸通年间，多次爆发农民起义，沉重打击了唐朝政府。咸通十四年（873），李漼病死，终年41岁，第二年，葬入简陵。

简陵，位于陕西省富平县长春乡东窑里村。依山为陵，玄宫凿建于山南麓。陵园为夯筑城垣，平面略呈方形；四面各辟1门，以四神命名，门外各置石狮1对、筑阙台1对。

城垣四隅筑角楼，今东南角楼基址尚存，残高 2.58 米。朱雀门外设神道，长 312 米，其南端筑乳台 1 对。神道原石刻数量较多，组合完备，自南而北依次为翼马、仗马、翁仲、番臣等石刻造像，北神门外列有仗马 3 对。今仅存 8 件，依次为：翼马 1 对，已移至陕西历史博物馆保存；仗马 2 件；翁仲 2 件，武官形象；番臣小石人 2 件，穿圆领窄袖袍。下宫遗址位于陵南。陪葬墓文献无载，调查亦无发现。

唐僖宗靖陵

唐僖宗李儇（862—888），唐懿宗第五子。咸通十四年（873），唐懿宗病重，大宦官刘行深、韩文约为了便于控制朝政，杀死懿宗长子，伪造遗诏立年仅 12 岁的李儇为太子。不久，懿宗驾崩，李儇即位。然而，朝政完全把握在宦官手中，少年皇帝李儇只知道打猎游玩、嬉戏寻乐。李儇甚至称大宦官田令孜为"阿父"，加之藩镇割据日益严重，国内土地兼并加剧，社会矛盾异常尖锐，全国各地兵乱四起。乾符元年（874），王仙芝起义爆发。第二年黄巢聚众响应，起义军攻城略地，所向披靡。广明元年（880），黄巢义军攻克洛阳。僖宗与宦官田令孜仓皇逃遁成都避难。中和元年（881），黄巢在长安称帝，建国号"大齐"，中和四年（884）黄巢起义军失败。光启元年（885），李儇才返回长安，不久又出逃凤翔。文德元年（888）二月返回长安，三月病逝，唐僖宗结束了其短暂而曲折的一生，年仅 27 岁，葬于靖陵。

靖陵位于现咸阳市乾县铁佛乡南陵村以东的台地上，是"关中唐十八陵"最后一座，堆土为陵。靖陵陵园由陵垣、陵门、门阙、封土（陵台）、司马道（神道）、乳台及陵前石刻群等部分组成。其中，封土南侧有乾隆年间陕西巡抚毕沅所立的"唐僖宗靖陵"石碑1通。靖陵陵园平面基本呈方形，东西宽480米，南北长485~510米。四周原有夯土城垣，现已毁圮，地面仅存墙基。陵墙四面各辟1门，分别以四神命名，门外各置石狮1对、筑阙台1对。朱雀门外尚存石狮1对，阙台遗址1对。司马道长约605米，两侧石刻现残存华表、翼马、仗马和翁仲等共11件。靖陵陵园石刻比较注意细部表现，石人的服饰、石马的马具均较写实。与初唐、盛唐陵前石刻相比，其大小、造型、风格等发生了重大变化。这些石刻体形较小，雕刻粗陋，形象呆板，与初唐石刻的造型雄伟、盛唐石刻的气势磅礴形成鲜明对比，也从另一个方面反映出唐朝末年社会动荡、经济窘迫、文化衰落。靖陵墓室坐北朝南，由斜坡阶梯式墓道、圆拱形顶甬道、拱形顶土洞墓室等部分组成。靖陵是目前唯一经过考古发掘的唐代帝王陵，为研究唐代陵寝制度的发展和演变以及唐代末期的历史，提供了珍贵的资料。

懿德太子墓

懿德太子李重润（682—701），是唐中宗长子。李重润风神俊朗，以孝友为人所知。大足元年（701），因与其妹永泰公主背后议论张易之、张宗昌兄弟而被杀。《资治通鉴》载：

懿德太子墓《仪仗出行图》

"太后春秋高，政事多委张易之兄弟，邵王重润与其妹永泰郡主、主婿魏王武延基窃议其事，易之诉于太后，九月壬申，太后皆迫自杀。"中宗李显复位后，追赠为皇太子，谥曰"懿德"；并于神龙二年（706），以帝王礼陪葬乾陵，"号墓为陵"。

懿德太子墓位于陕西乾县东南隅的韩家堡北，墓葬封土堆呈双层覆斗形，夯土而筑，南北长56.7米，东西宽55米，高17.92米。墓冢周围设围墙，南面有土阙、石狮、石小人和华表等。懿德太子墓全长100.8米，有7个天井、6个过洞和4对小龛。墓道两侧，过洞、天井下部，前后甬道和墓室等处均绘有大型壁画，题材内容有仪仗出行、青龙、白虎、阙楼、城墙、伎乐、驯豹驾鹰、男女宫仆和天体图等，保留约40幅。第一、第二天井绘48杆戟，为天子之制。懿德太子墓随葬品丰富，虽被盗，但仍出土陶俑、三彩俑、贴金甲马武士俑、陶器、金器、玉器、铜器、铁器等各类文物1900余件及大面积壁画和石椁线刻画。从墓葬的形制、规模、随葬品及壁画来看，都是目前唐代墓葬等级最高者。

章怀太子墓

章怀太子李贤（654或655—684），武则天次子。上元二年（675），李弘猝死，李贤继立为太子，史载其"处事明审"，深得高宗皇帝和文武大臣们的赞赏。他曾召集学者名臣为范晔《后汉书》作注，颇有史学成就。然而武则天对其多有防范，李贤终日惶惶不安。有一说著名的《黄台瓜辞》为李贤所作："种瓜黄台下，瓜熟子离离；一摘使瓜好，再摘令瓜稀；三摘犹尚可，四摘抱蔓归。"感情悲切凄惶。调露二年（680），李贤因谋逆罪被废为庶人，流放巴州（今四川省巴中市）。文明元年（684），死于巴州，年仅29岁。垂拱元年（685），武则天追封李贤为"雍王"。神龙二年（706）迎其灵柩回长安，以雍王身份陪葬乾陵。唐睿宗景云二年（711），追谥为"章怀太子"，与太子妃房氏合葬。

章怀太子墓位于乾陵东南隅约3千米处的黄土台地上。墓地四周原有围墙，南北长180米，东西宽143米，墓园面

章怀太子墓《狩猎出行图》

积 25740 平方米。墓冢呈覆斗形，高约 18 米，夯土而筑，其南面有 1 对土阙残存，土阙之南东西并列着 1 对石羊，最南端的西边有 1 件华表，已残坏成数段。

20 世纪 70 年代初，李贤墓被考古发掘。该墓为斜坡土洞砖室结构，由墓道、过洞、天井、前后甬道和前后墓室等部分组成，全长 71 米。墓道开口宽 3.3 米，最深处距地平面 7 米。有 4 个过洞和 4 个天井。过洞和前后甬道呈券拱形。从北往南，设有 6 个小龛，摆放各种三彩随葬明器。为了防止墓室被盗，在前甬道内特设木门 1 道，门上加锁，门后置暗器，装置有铁箭头和重达 65 千克的锡铅块若十，若有盗墓人开门，利用杠杆原理，暗箭便自动射出，然而该墓还是逃不脱被盗的命运。尽管如此，李贤墓还是发掘出土了 600 多件文物。石椁内外、石门、墓志铭上雕刻有仕女、宦官人物形象及动植物图案。墓道、过洞、甬道及前后墓室绘有精美壁画50余组，面积近400平方米，壁画保存较好，内容十分丰富，包括宫廷生活的各个方面。著名的有《狩猎出行图》、《打马球图》和《观鸟捕蝉图》等。章怀太子墓出土的三彩器、陶器及大面积壁画，对于研究唐代的历史、文化艺术、社会生活、风俗习惯及对外关系等，提供了重要的实物资料。

长乐公主墓

长乐公主（621—643），名丽质，是唐太宗与长孙皇后的女儿。年少聪颖，才华横溢，深得太宗喜爱。史载，长乐公主出嫁时，唐太宗下令要按照其妹永嘉公主嫁妆的两倍来置办，后因魏徵反对才作罢。贞观七年（633），13岁的长乐公主下嫁于舅父长孙无忌之子长孙冲。长孙公主因体弱多病，23岁就去世了。长乐公主陪葬昭陵，其陵墓规格明显高出其他公主。按照礼制，唐朝贵戚功臣和皇子、公主、嫔妃墓只能设1道石门，唯独长乐公主承恩特葬，设3道石门，在昭陵已发掘的陪葬墓中仅此1例。

长乐公主墓位于礼泉县烟霞乡陵光村，西北距昭陵元宫仅1千米。其墓冢为覆斗形，墓前后均有4个土阙，墓前还有石人、石虎、石羊和石望柱等石雕，现多已损毁。1986年被发掘，该墓与一般的唐墓架构类似，为单砖墓室，由墓道、过洞、天井、壁龛、甬道和墓室六部分组成，总长48.18米。墓内各处都绘有壁画，但因多次被盗，墓内损坏严重，壁画大多残缺，出土的随葬物有百余件。还出土了"大唐故长乐公主墓志"。

永泰公主墓

永泰公主(685—701),名仙蕙,是中宗李显与韦皇后之女。久视元年(700)被封为永泰郡主。大足元年(701),永泰郡主因与其兄懿德太子李重润、丈夫武延基窃议张易之、张昌宗兄弟得幸武后事,被则天太后逼令自杀,年仅17岁。中宗李显复位后,于神龙元年(705)下诏追封为"永泰公主"。神龙二年,与丈夫武延基合葬在一起,陪葬乾陵。

永泰公主墓位于乾县西北2.5千米,规模宏大。墓四周原有围墙,今已毁,仅四角残存约7米高的土堆。据勘测,墓园南北长363米,东西宽220米,占地面积79860平方米。

永泰公主墓《宫女图》

南侧围墙外残存"双阙如翼",另有石狮1对、石翁仲2对、石华表1对。墓冢为覆斗形,高14米,边长56米。墓道全长87.5米,宽3.9米,墓室深16.7米,墓为斜坡土洞砖室墓,由墓道、5个过洞、6个天井、甬道、8个便房、前后墓室组成,象征着永泰公主生前居住的多宅院落。

从墓道到墓室绘有丰富多彩的壁画,有宫廷仪仗队以及天体图、仕女图等。尤其是墓室中放置的一具石椁,石壁上线刻着15幅仕女人物画。在这些人物中,有的上着披帛,下穿长裙;有的身着男装;有的身穿长裤,腰束锦带,带上缀有荷包;有的脚穿如意鞋;有的身着短袄长裙,或捧壶,或托盘,或弄花,或拱手,或对话,惟妙惟肖,是当时宫廷生活的真实写照。此外,石椁两扇门的顶部,还刻着1对鸳鸯,它们张开羽翼,相向飞舞,象征着墓内主人夫妻恩爱。

永泰公主墓是新中国成立以来发掘的唐墓中最大的一座,站在永泰公主墓顶上可看到临近的章怀太子墓和懿德太子墓。

长孙无忌墓

长孙无忌(594—659),字辅机,河南洛阳人,唐初宰相,是文德皇后同母兄。长孙无忌追随太宗南征北战,还参与策划了玄武门事变,为唐朝政权的建立和稳定立下了汗马功劳,深得太宗皇帝信任,在凌烟阁功臣中位列第一。他在立储之争时支持高宗,后被任为顾命大臣,授太尉、同中书门下三品。长孙无忌还主持修订了《唐律疏议》。显庆四年(659),因反对高宗立武则天为皇后，长孙无忌被许敬宗诬陷，削爵流放黔州（今重庆彭水），最终自缢而死。

长孙无忌墓位于咸阳城西北86千米处的永寿县渠子乡永寿坊村。墓冢为圆锥形，封土高0.7米，占地面积1840平方米。墓前原有墓碑，现已遗失。永寿坊村民皆姓长孙，自称无忌是其先祖，如今村内的长孙氏子民已达1000多口。

传说长孙无忌被贬后，朝廷即派杀手一路追杀到黔州。长孙无忌之子为了使父亲叶落归根，遂将父亲的尸体运回洛阳老家安葬。中途听说洛阳老家的族人也已遭通缉杀戮，便改道长安方向，而长安城内凡和长孙无忌来往甚密的官员也同遭祸患。最后，长孙无忌之子便载着父亲的尸体一路北上来到了永寿坊村，以金头玉身安葬父亲于此，自己从此也隐居于此。半道途经五峰山（永寿、乾县、礼泉三县交界处）的时候，为了掩人耳目，他将父亲的头埋在了永寿境内的上邑乡南顺什村。至今南顺什村还有一个小山包，被人们称为无忌头。

事实上，相传长孙无忌的墓有多处，此处真假亦有待于进一步证实。

房玄龄墓

房玄龄（579—648），唐初齐州临淄（今山东淄博临淄区）人。众所周知，房玄龄是唐太宗的重要谋臣，他与杜如晦合称"房谋杜断"，房玄龄多谋，杜如晦善断，二人珠联璧合，传为美谈。后世史学家总是说：唐代贤相，前有房杜（房玄龄、杜如晦），后有姚宋（姚崇、宋璟）。房玄龄追随唐太宗平定天下，深得唐太宗信任和倚重，受封为梁国公，官任中书令、尚书左仆射、司空等职，总领百司，掌政务达20年。他还参与制定典章制度，主持律令、格敕的修订，监修国史，又曾与魏徵同修唐礼。在凌烟阁二十四功臣中位列第五，阎立本为他画像，褚遂良为他题写赞语。

贞观二十二年（648），房玄龄去世，终年70岁。太宗伤心，为他废朝三日，赠太尉、并州都督，谥曰文昭，陪葬昭陵。

房玄龄墓位于礼泉县昭陵乡刘东村，历经千年风雨，已经破败不堪。最值得一提的是神道碑，螭首，高385厘米，下宽136厘米，厚45厘米，碑下部分凿损比较严重。碑额篆书"大唐故左仆射上柱国太尉梁文昭公碑"。碑文由褚遂良楷书书写，遒劲秀逸，笔力丰满，此碑历来为褚遂良书中杰作，标志着褚遂良时期书法已经成熟。现存于昭陵博物馆。

尉迟敬德墓

尉迟敬德（585—658），名恭，字敬德，朔州善阳（今山西朔州）人。隋末为刘武周偏将，降唐后追随秦王李世民，勇武善战，屡建功勋。玄武门之变，深得唐太宗信任，封鄂国公。显庆三年（658）去世，唐高宗为其废朝三日，赠司徒、并州都督，谥号"忠武"，陪葬昭陵。因其勇武威严，与秦琼被后世尊为民间驱鬼避邪、祈福求安的门神，为老百姓所熟知。

尉迟敬德墓位于礼泉县烟霞镇。封土呈尖锥状，直径长

26.5米，高8.8米，夯筑而成。墓前神道碑如今已移入昭陵博物馆。20世纪70年代，文物部门对墓葬进行了清理发掘。墓葬由墓道、过洞、天井、前后甬道和前后墓室构成，水平全长56.3米。墓道呈斜坡形，长16.5米。过洞4个，为拱顶土洞；天井4个；甬道分前后两部分，共有4个小龛；墓室分前室和后室，后墓室有一石棺床，正方形，长宽各3.9米、高0.3米。墓室充满淤泥，随葬品被盗一空，唯存有两合完整的墓志，一合属墓主尉迟敬德，一合属敬德夫人苏娬。墓志纹饰及石门、棺床的雕刻均很精美。尉迟敬德墓志石色晶莹，雕刻细致，正方形，每边宽1.2米，厚0.25米，是昭陵陵园发掘所得墓志中最大的一合。志石周边雕饰忍冬多枝莲蔓草与十二生肖像，志盖四面雕宝相花纹饰。志盖阴刻飞白书5行，行5字，文为"大唐故司徒并州都督上柱国鄂国忠武公尉迟府君墓志之铭"。志文为阴刻，楷书，共2218字，无撰、书者姓名。志盖用的飞白书，是一种特殊的书法，笔画中丝丝露白，像缺少墨水的枯笔写成的模样。目前陕西出土的墓志不计其数，但飞白体墓志却极为少见。此墓志被列为国家一级文物，更是昭陵博物馆的镇馆之宝。

魏徵墓

魏徵（580—643）是唐朝名相，因敢于直言进谏而闻名于世。有人统计，魏徵在贞观时期进谏多达200多次，深得太宗赞赏。唐太宗曾说："今天能取得（贞观之治）这样的成就，都是魏徵的功劳啊。"有一次，唐太宗正在逗弄一只漂亮的鹞鸟，魏徵求见，唐太宗赶紧把鸟儿藏在怀里。魏徵装作没看见，故意慢慢吞吞，拖延时间，还向太宗大讲古代帝王因追求安逸享乐而祸国殃民的道理。太宗只好耐着性子听。等魏徵告辞，那只鸟儿竟被活活闷死。魏徵总是直言犯谏，不免触怒龙颜。有一天，太宗退朝后怒气冲冲地说："总有一天，我会杀了这个乡巴佬！"长孙皇后问清缘由后，机智地换上朝服，恭恭敬敬地向太宗道贺，称大唐社稷因有魏徵这样的谏臣而有福了，太宗这才消了怒气。

贞观十七年（643）魏徵病死，陪葬昭陵。唐太宗伤心痛哭，罢朝五日，命九品以上的官员都去参加魏徵的葬礼。他说："以铜为镜，可以正衣冠；以史为镜，可以知兴替；以人为镜，可以明得失。魏徵没，朕亡一镜矣。"

魏徵墓位于陕西礼泉县九嵕山唐昭陵西南约3千米处的凤凰山巅，墓于山岭南端依山凿石而筑，是距昭陵玄宫最近

魏徵墓

的一座功臣墓。墓垣现仅有蟠桃纹碑首的丰碑一通，碑首造型与众不同，似有独特恩遇之意。现碑身通体磨光，已无书写镌刻痕迹。据《旧唐书》记载，唐太宗亲自为魏徵的墓碑撰文书石。但是，魏徵死后仅仅几个月，因其他事件牵连，唐太宗大怒，命人将魏徵墓碑推倒，将字磨去。贞观十九年（645），李世民亲征高句丽，唐军损失惨重。回师途中，太宗怅然若失，感念魏徵，以少牢之礼祭祀魏徵，"复立碑，恩礼加焉"。这一对明君与谏臣，给后人留下了许多历史故事。

李勣墓

李勣（594—669），曹州离狐（今山东菏泽西北）人。本姓徐，名世勣，字懋功（亦作茂功）。隋末，与翟让、单雄信等人在瓦岗寨起兵，归唐后，屡建殊功。唐高祖李渊赐李姓，后避唐太宗李世民讳改名为李勣。曾破东突厥、高句丽，与李靖并称，被封为英国公，为凌烟阁二十四功臣之一。一生历事唐高祖、唐太宗、唐高宗三朝，官至宰相。总章二年（669）病逝，享年76岁，唐高宗辍朝七日，赠太尉，谥号"贞武"，陪葬昭陵。

李勣墓冢封土保存完好，形状较为奇特，呈倒"品"字形，由3个高约6丈的圆锥形土堆构成，远远望去像3座山，此乃仿照西汉名将卫青、霍去病起冢似阴山和祁连山的形式，象征阴山、铁山和乌德鞬山，意在表彰其生前破突厥与薛延陀之赫赫战功。

武则天称帝时，李勣的孙子李敬业起兵讨伐失败，李勣被剥夺官爵，墓也被重新挖开，棺材被劈碎。武则天死后，唐中宗为李勣追复官职，并重新安葬。

李勣墓前保存有翁仲1对，石羊和石虎各3对，以及高宗亲笔书写的神道碑1通。李勣墓神道碑是昭陵体量最大的一块石碑，碑身高5.70米，宽1.80米，厚54厘米，碑座为1.2米高的巨龟。碑首雕刻6条龙，碑额篆书，题"大唐故司空上柱国赠太尉英贞武公碑"16字，唐高宗李治撰文并亲自书写，书法为行草体，共31行，每行110余字不等。

1971年文物部门对李勣墓进行了发掘，清理过程中发现此墓多次被盗，有盗洞5处，遗物甚少，但是有件"三梁进德冠"，是我国目前所能见到的最古老的一顶朝冠实物。"三梁进德冠"用很薄的鎏金铜叶做骨架，顶部有3道鎏金铜梁，构思精巧，十分轻便。史载进德冠分为三梁、二梁、一梁3种，三品以上的官员用三梁，然而此前从未发现过实物。另外还有革带饰件、乐舞壁画以及墓志铭等。

李勣墓

韦贵妃墓

韦贵妃墓室

　　韦贵妃（597—665），名珪，京兆杜陵（今西安长安区）人。韦贵妃出身的京兆韦氏，是唐代有名的大贵族。她的曾祖父、祖父、父亲都是北朝及隋朝的重要官员，整个家族中有许多高级将领和名臣。民间有俗语"城南韦杜，去天尺五"，可见其家族地位之高。韦氏生性聪慧，姿容倾国，很有文采。早年嫁于隋朝民部尚书李子雄之子李珉，后因李子雄举兵反隋兵败被杀，韦氏牵连获罪，被罚入宫为奴。隋朝灭亡，李世民纳韦氏为妃。贞观元年（627），封为贵妃，位居皇后长孙氏之下，后宫诸嫔妃之首。韦贵妃深得唐太宗宠爱，生有临川公主李孟姜和纪王李慎。唐高宗麟德二年（665），韦氏病逝于河南洛阳，享年69岁，陪葬昭陵。

韦贵妃墓位于礼泉县烟霞镇陵光村，距昭陵陵山仅一沟之隔，依山而成。由墓道、4个过洞、4个天井、前后甬道、前后墓室和4个壁龛构成，全长49.38米。墓内出土文物100件（组），其中有一件贴金彩绘双头镇墓兽属稀世之物。墓内壁画内容丰富，色彩鲜明，人物形象生动，保存较好。墓内还出土了韦贵妃墓志一方，由令狐德棻撰文，今藏于昭陵博物馆，是研究韦贵妃的重要史料。

上官婉儿墓

上官婉儿（664—710），陕州陕县（今河南陕县）人，唐代著名女官、诗人。其祖父上官仪为唐高宗起草废后诏书，得罪了武则天，被诬陷谋反，连累全族获罪。尚在襁褓之中的上官婉儿随母发配入掖庭。长大后，上官婉儿才貌出众，足智多谋，逐渐被武则天信任和重用。她不但掌管内制的起草，还批阅百司奏章，参决军国大事，有"巾帼宰相"之名。中宗时拜为昭容，权势更盛。上官婉儿才华横溢，代皇帝品评天下诗文，所谓"称量天下士"。《全唐诗》收其遗诗32首。景云元年（710），临淄王李隆基发动政变，杀死了韦后和安乐公主，上官婉儿率宫女秉烛出迎，被李隆基下令处死，时年47岁。

上官婉儿墓位于陕西省咸阳市渭城区北杜镇邓村北，东南距西安咸阳国际机场4.2千米，距唐长安城遗址约25千米，于2013年9月发掘。墓葬坐北朝南，水平全长36.5米，深

上官婉儿墓

10.1米，带有5个天井，斜坡墓道，单室砖券。墓葬破坏严重，墓室顶部全部倒塌，墓室的四壁被破坏且没有发现棺椁，铺地砖也被全部揭开。有的学者认为是官方毁墓，也有的学者认为是上官婉儿仇家所为。出土的最重要的文物是上官婉儿墓志，盖题"大唐故昭容上官氏铭"，志文楷书，近1000字，记载上官昭容世系、生平、享年、葬地等信息，弥补了史书记载的不足，成为研究上官婉儿的最新史料。

韩休墓

韩休墓壁画

韩休（672—740），字良士，京兆长安（今陕西西安）人，玄宗朝名相。韩休生性刚直，敢于犯颜直谏。唐玄宗每次一有过失，就紧张地询问左右："韩休知道吗？"往往是话音未落，韩休的谏表就已送到。侍从道："自从韩休拜相，陛下都变瘦了，为什么不将他贬谪呢？"玄宗道："我用韩休为相，是为国家社稷考虑。我虽然瘦了，但国家却富裕了。韩休虽然谏言多，但是让我觉得踏实。"著名画家韩滉是韩休之子，其《五牛图》为中国十大传世名画之一。

韩休墓位于西安市长安区大兆街办郭庄村，2013年发掘。墓深约11米，坐北向南，墓道至墓室总长约40米，是一座由长斜坡墓道、4个过洞、5个天井、甬道和墓室组成的唐代高等级墓葬，虽然遭到严重盗扰，但墓葬形制基本完整，出土陶俑若干。墓室大致呈边长为4米左右的方形，除入口外，其他三面均绘有精美壁画。这些壁画保存得清晰完好，而且题材罕见，绘画技法高超，具有很高的艺术水平。

杨贵妃墓

杨贵妃（719—756），本名玉环，号太真。中国古代四大美女之一。她不但美貌绝伦，而且精通音律，能歌善舞，具有高超的艺术才华。原是寿王李瑁之王妃，后被唐玄宗册封为贵妃。唐玄宗统治后期，因宠爱杨贵妃不理朝政，终导致安史之乱爆发。天宝十五载（756），杨贵妃随李隆基逃亡蜀中，途经马嵬驿，发生了震惊朝野的马嵬兵变。因愤怒的将士所逼，杨贵妃被缢身亡。唐玄宗回到长安后，曾命人改

杨贵妃墓

葬杨贵妃，经劝谏而罢。相传杨贵妃墓原是个土冢，呈乳白色，香气袭人，年轻女子用墓上的土抹脸，即可起到美白的效果，过路的人纷纷取土，称之为"贵妃粉"。于是为了保护墓葬，只好用青砖相砌。

杨贵妃墓位于西安以西60多千米处的马嵬坡，整个墓园依山而建，呈阶梯状，气势雄伟。墓冢高约3米，墓碑题写"唐杨氏贵妃之墓"，是中华民国二十五（1936）年陕西省政府主席邵力子所题。在墓葬的东西两侧为清代风格的碑廊，陈列着唐及之后达官贵人、文人学士题写的珍贵诗词刻石38通，这些碑石中既有唐僖宗、李商隐、贾岛等唐代著名人物的作品，也有近代林则徐、赵长龄、于右任等人的题咏，字体不同，风格各异，非常之珍贵。正所谓"古冢留香，诗碑放彩"。

高力士墓

高力士（684—762），原名冯元一，高州良德（今广东高州东北）人。唐初高州总管冯盎是他的曾祖父。他的父亲冯君衡曾任潘州刺史，武则天时期，因为酷吏政治被治罪，查抄全家。年仅10岁的冯元一与父母失散，15岁时入宫，宦官高延福收养了他，改名为高力士。高力士成年后，相貌堂堂，身材高大，为人精明，办事谨慎，深得武则天的赏识。景龙中，附结李隆基，在平定韦后和太平公主乱政中立下殊功。被任命为右监门将军、知内侍省事，成为宦官首领，四方奏请皆经其手。累授大将军，开唐代历史上封宦官为将军之先例。安史之乱时，高力士随玄宗逃蜀。后被李辅国所诬，放逐巫州。宝应元年（762）赦还长安途中，获玄宗死讯，号哭呕血而死，享年79岁，赠扬州大都督，陪葬于泰陵，并在墓前立神道碑。该碑早年残断，仅存上半截，1971年复见下半截，始得窥全貌，现藏蒲城县博物馆。

高力士墓位于乳台东南1300米左右的山西堡村。封土为圆丘形，原底径35米，高约12米，现残高7米。泰陵陪葬墓见于文献记载者仅此1座。1999年夏季，陕西省考古研究所对被盗的该墓进行了抢救性发掘。墓葬为长斜坡墓道、四天井、单砖墓室，设置有石门。墓道和墓室壁画遭长期渗水浸泡而剥落，出土各类陶俑240余件、长方形墓志1合。

顺陵

顺陵是武则天之母杨氏之墓，位于咸阳市渭城区底张镇韩家村。杨氏出身名门，很有才气。武则天被立为皇后，封其母为太原王妃。咸亨元年（670），92岁高龄的杨氏病逝，以王妃礼仪下葬。永昌元年（689），武则天追尊其父为"忠孝太皇"，母杨氏也被尊为"忠孝太后"，杨氏墓改称"顺义陵"。天授元年（690）武则天正式称帝，为了彰显自己的地位，追尊杨氏为"孝明高皇后"，改其陵为"顺陵"。开元元年（713）唐玄宗即位，下诏削去杨氏孝明高皇后称号，仍称太原王妃，将顺陵改回王妃墓，但后世习惯性仍以顺陵称之。

陵园平面略呈长方形，占地面积110万平方米，有内城和外城。外城南北长1264米，东西宽866米。外城的城墙早已倾圮，唯四门遗址仍存。内城基本上是正方形，位于外城偏北部，亦称皇城，周长约1200米，城墙系夯土筑成，宽1.9～2.2米。墓冢呈方锥形，高12.6米，底部周长186米。

陵园最引人注目的是保留下来的精美的石刻。顺陵石刻形体高大，姿态生动，异常雄健，制作精美，可谓唐陵石刻之冠。园内现存石刻34件，多数列置陵前，有华表、天禄、石狮、石人、石羊、石马等。尤其是陵前的1对石狮，高3米，狮身与基座为一整块石头雕成，似乎正在陵前走动，人称"走狮"，非常生动。顺陵还有一通高大的《大周无上孝明高皇后碑铭并序》，由武则天授意，武三思撰文，李旦亲书，高约10米，刻有4400多字，其中还有武则天新造字16个，字迹秀美，具有极高的艺术价值。明朝关中大地震时断裂，后被咸阳县令派人打成碎块，用于修补渭河堤岸。保存至今有残碑8块，

顺陵走狮

现藏于咸阳博物馆。

顺陵附近出土过武三思镇墓石1方,有"今陪顺陵"刻书。陵园西南有两座土冢,东西并列。均有墓志铭出土。

杜氏墓群

长安杜氏是后魏至唐朝时期长安世家豪族,大都葬于今西安市长安区大兆乡司马村附近。杜氏墓群包含杜如晦墓、杜淹墓、杜亚墓、杜济墓、杜佑墓、杜牧墓和杜顗墓等。

杜如晦(585—630),字克明,京兆杜陵人。与房玄龄一起为李世民出谋划策,同为宰相,深受太宗重用。贞观四年(630),杜如晦病逝,唐太宗为此废朝三天,追封为司空,蔡国公,谥"成公",绘图列入凌烟阁。《类编长安志》载:"唐杜如晦墓在咸宁县南三十里司马村。"民国时期,墓冢尚存,今已夷为平地。

杜佑(735—812),字君卿,京兆万年人。唐代著名政治家、史学家。官至宰相,掌管度支盐铁等,封岐国公。葬于长安城南少陵原祖墓。

杜牧(803—852),字牧之。唐代著名诗人、散文家。葬少陵原司马村先茔,自为墓志。其墓新中国成立后尚存,在司马村西南,高约7米,面积约1亩,20世纪60年代平毁。

颜氏家训

颜氏墓群

颜氏，本为琅琊临沂（今山东临沂）人，自颜之推任隋黄门郎后，遂定居京兆万年（今西安长安区）。颜之推、颜师古、颜勤礼、颜杲卿和颜真卿等，皆葬于长安区凤栖原，形成一处庞大的颜氏墓群。

颜之推（531—约590），中国古代著名文学家，教育家。

颜师古（581—645），字籀。唐初著名经学家、训诂学家、历史学家，颜之推之孙。

颜勤礼，字敬，颜之推之孙、颜真卿的曾祖父。幼时聪颖，志向远大。工于篆籀，尤精训诂。西安碑林现尚存颜真卿所书《颜勤礼碑》，是颜真卿为其曾祖父所写的神道碑。碑文详细记载了颜勤礼生平事迹。

颜真卿（708—784），字清臣。唐代名臣，杰出的书法家。兴元元年（784），因劝谕叛将李希烈而遇害。追赠司徒，谥号"文忠"。颜真卿书法精妙，擅长行、楷，创"颜体"楷书，与欧阳询、柳公权、赵孟頫并称为"楷书四大家"，与柳公权并称"颜柳"，亦有"颜筋柳骨"之称。

五代、两宋时期

秦王李茂贞墓

李茂贞（856—924），原名宋文通，字正臣，深州博野（今河北蠡县）人。唐朝末年，藩镇林立，凤翔节度使李茂贞以凤翔镇为中心，割据一方。唐朝灭亡后，李茂贞沿用唐哀帝的天祐年号，开岐王府，使用皇帝的仪仗，建立秦岐政权，成为五代时期多元政治中的重要一支。后唐建立后，李茂贞向后唐称臣，李存勖改封其为秦王。不久病死，时年69岁。

李茂贞墓位于宝鸡市金台区陵园乡陵园村，其形制仿照唐代帝王墓葬。原墓冢封土高大，面积约达2000多平方米，墓前原有石人、石狮及石羊等石刻，历经千年风雨，今仅存低平丘冢，封土仅高3米左右。现仅存石狮1只、石人1个，且上部残缺。2001年，考古工作者对其进行发掘，共出土了瓷器、陶器、铜器、铁器和石器等各种文物735件（组），其中有不少鎏金铜器。

寝宫大部分由青砖砌成，前室、中室用石条砌筑，王妃刘氏寝宫的端门建造精细，是中国目前发现的年代最早的砖砌端门。青砖砖雕栩栩如生，尤其是"两人轿子图""八人

秦王李茂贞陵

轿子图"等具有独特的艺术价值与史学价值。后室四周壁画依稀可见，局部保存完好。

陶谷墓

陶谷（903—970），字秀实，邠州新平（今陕西彬县）人。历仕后晋、后汉、后周与北宋，在政权频繁更迭的背景下，长期任户部侍郎、兵部侍郎、吏部侍郎和翰林学士等要职。陶谷精通法律，擅长文学，著有《清异录》。建隆元年（960），赵匡胤发动"陈桥兵变"，代周称帝。陶谷事先拟好周恭帝禅位制书，迎立赵匡胤受禅。北宋建立后，陶谷任礼部尚书，仍充任翰林承旨学士。开宝三年（970），陶谷病逝，终年68岁，追赠右仆射。

陶谷墓位于彬县城关镇刘家湾村东边台地上，呈不规则圆丘形。墓前有"宋代文人陶谷墓"碑石1通。2003年该墓被省政府公布为重点文物保护单位。

寇准墓

寇准（961—1023），华州下邽（今陕西渭南）人。北宋著名政治家，诗人。寇准19岁考中进士，为官近40年，颇具民族气节。他清正廉洁，刚直不阿，宋太宗曾说："朕得寇准，犹文皇之得魏徵也。"景德元年（1004），辽军大举攻宋，寇准力主抵抗，促使真宗前往澶州（今河南濮阳）督战，与辽订立澶渊之盟。他两次为相，皆因排挤被罢，数被贬谪。天圣元年（1023），被贬雷州（今广东雷州），寇准抱病赴任，病死雷州，终年63岁。皇祐五年（1053），宋仁宗为寇准复爵"荣国公"，追赠中书令。又诏翰林学士孙抃撰神道碑，谥"忠愍"，仁宗亲笔为碑首篆写"旌忠"二字。故后人多称"寇忠愍"或"寇莱公"。

寇准墓位于渭南市临渭区官底镇左家村南。原墓在"文革"时期已被破坏，墓堆尚存。墓冢封土高4米，南北长15米，东西宽8米，墓前立有"宋寇莱公墓"碑石1通。1986年后，当地政府重视文物，在此兴建小学，以保护其冢并纪念这位历史名相。

张载墓

张载（1020—1077），字子厚，凤翔郿县（今陕西眉县）横渠镇人，著名的哲学家、教育家、关学创始人，世称横渠先生，亦尊称张子。他提出"为天地立心，为生民立命，为往圣继绝学，为万世开太平"的名言，言简意宏，历代传颂，被近代哲学家冯友兰概括为"横渠四句"，体现了中国知识分子的志向和担当。张载创立关学，构建起了一个独特的"一元论"哲学体系，认为世界的"本源"是"气"而非"理"。他与周敦颐、邵雍、程颐、程颢合称为"北宋五子"，在中国哲学史上占有重要地位。熙宁十年（1077），张载病逝，享年58岁。

张载墓位于眉县横渠镇南大镇谷迷狐岭，占地37.2亩，迷狐岭是张载及其父张迪、弟张戬的安葬之地，属陕西省重点文物保护单位。近年来，墓区进行了相关保护与整修，包括砌了墓冢，增添了香炉、供桌，修建了碑楼、祭祀台等。园内橡树成林，郁郁葱葱。

横渠镇还有张载祠，其旧址为横渠书院，张载年少时曾在此读书，晚年在此兴馆讲学，元朝设祠祭祀。经过多次修缮，张载墓如今是陕西省重点文物保护单位。祠内现存清康熙帝御匾一块及横渠书院笔筒、院印、砚台等物件，另存有北宋以来文人墨客留下的石碑50余通。

眉县横渠镇张载祠

吕氏家族墓

蓝田吕氏自秦汉至隋唐以来，世代为官，在历史上有重大贡献和影响。尤其以北宋时期"蓝田四吕"最为有名。他们是吕大忠、吕大防、吕大钧、吕大临兄弟4人。4人皆聪慧好学，进士及第，故得"一门四进士"的美名。四吕著述宏富，在经学、史学、金石学、地理学、文学等方面都有突出贡献，对当时以及后世的文化学术都有重要影响。吕大防官至宰相，主持元祐政坛8年；吕大临先后师从张载和二程，与关学、洛学都有密切的关系，所撰《考古图》和《考古图释文》两书，奠定了现代考古学、古文字学的基础；吕大忠、吕大钧亦在碑刻学研究领域造诣深厚。

北宋吕氏家族墓地位于陕西省蓝田县五里头村。由于盗墓破坏原因，2006—2009年，考古部门对吕氏家族墓地进

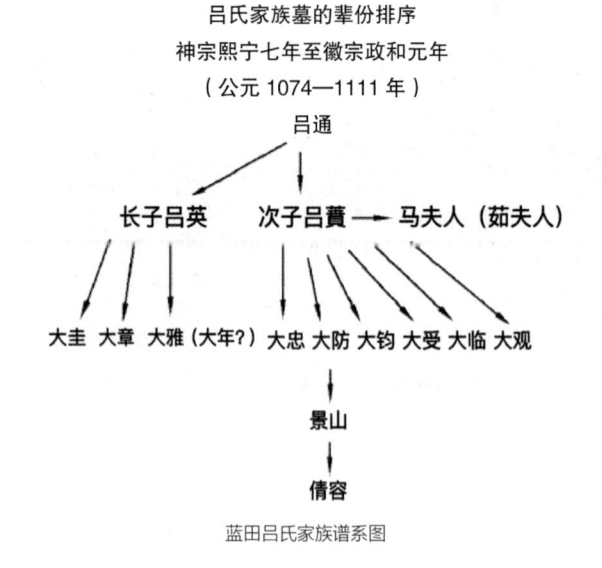

吕氏家族墓的辈份排序
神宗熙宁七年至徽宗政和元年
（公元1074—1111年）

吕通
├── 长子吕英
│   ├── 大圭
│   ├── 大章
│   └── 大雅（大年？）
└── 次子吕蕡 → 马夫人（茹夫人）
    ├── 大忠
    │   └── 景山
    │   └── 倩容
    ├── 大防
    ├── 大钧
    ├── 大受
    ├── 大临
    └── 大观

蓝田吕氏家族谱系图

蓝田吕氏墓群出土的石墩腹壁铭文

行了发掘,共清理墓葬29座,出土遗物600余件(组),包括陶、瓷、石、铜、铁、锡、银、金、漆、骨、珠贝类,皆为实用器。墓地还出土了砖、石墓志铭24合。墓地东、西、北部均有围沟环绕,形成长321米、宽273米南部敞开的南北向长方形墓园。墓葬群位于墓园正中偏北,墓地中轴延长线正南500米处为吕氏家庙"吕氏庄阁云寺"旧址。墓葬排列脉络清晰,中轴线上自南向北纵向贯鱼式为长子长孙系列,横向则按辈分分排布置。墓地共计埋葬五代吕氏族人。

墓葬皆为竖井墓道、土洞墓室,坐北朝南,深7.5~15.5米。形制有单室、前后双室、并列双室、单前室双后室、主室带侧室5种,顶部近平或略拱。

2010年,陕西蓝田北宋吕氏家族墓园入选"全国十大考古新发现"。

明清时期

明秦王墓群

明秦王墓群位于西安杜陵乡大府井村东北,为明代13代秦藩王家族墓地。洪武三年(1370),明太祖朱元璋建藩封王,将次子朱樉封为秦王,并设西安府。由于秦王在诸位藩王中年龄最长、兵权最重,又担负着拱卫西北边疆的重任,故秦藩国被称为"天下第一藩"。

秦王朱樉陵园坐北向南,现封土高约20米,周长187米。墓前神道两旁有华表、石蹲虎、石羊、石麒麟、石马、石人、

秦王陵

石狮等大型石雕18件，均系明初雕刻，造型、刻工均极精美，是一批明代石刻艺术的精品。秦藩国伴随明王朝始终，前后200多年间，共有13位藩王、1位世子、16位王妃、38位郡王的68座陵墓散落在东起鸣犊西至三爻一带的少陵、凤栖原上。当年各陵墓建筑宏伟，陵前殿堂楼阁竞相错落，各自形成完整的皇家陵园。这在中国历史上也是非常独特的。

十三陵及50余座陪葬墓保存基本完好，地下文物非常丰富，仅简王墓就出土文物320余件，现陈列于陕西省博物馆，地面100余件大型石刻更是巧夺天工。西安十三陵与北京十三陵相得益彰，共同构成一部埋藏在地下的明代通史。

此外，由于明秦王墓群的修建，还在当地形成了许多新的村寨。按照明朝制度，藩王、世子陵墓修好后先留一个天井，死后才封葬，因避讳"墓"，称为"井"。每个井需派两个营驻兵守护，驻地称为寨。经历600多年的发展与变迁，"井"和"寨"已经成为村庄，居民均为藩王守陵军之后裔。因此说"九井十八寨，个个有由来"。

张氏家族墓

张氏家族墓位于西安市高陵区院张村北西光园区，是明代中晚期家族墓。

截至2013年，该墓地共发掘清理了墓葬21座，分为东、南、北三区。出土墓志4方、买地券1方，通过墓志、买地券和墓门题刻可确认属于张氏家族的墓葬11座，能够与墓志对应的8座，分别为张栋兄弟4人和其叔父以及叔父的3个子嗣的墓葬。墓群内发现相关石刻匾，可以判断墓群主人中有明代秦藩王府管印章的大管家。张氏家族成员中虽然并无高官，最高品级只有七品，但其墓葬构筑却十分讲究，这与其世代经商、家境富裕有关。

东区墓葬共6座，平面呈"人"字形分布；南区有9座；北区有6座。从形制上看，有单室墓和并列双室墓两类，有砖室、石室以及砖石混筑3种。墓葬主要为长方形券顶洞式墓，多为仿木构石雕刻门楼的石券墓，陕西地区明代中晚期墓葬一般多为土洞或砖券，明秦藩郡王、县主墓葬也为砖券，而张氏家族墓虽然规模不大，但全带有仿木构雕刻的门楼，精雕细琢，十分罕见。张氏家族墓出土文物精美，墓群里发现约5口彩绘漆棺，绘制有凤凰、牡丹、仙鹤和池塘小景等图案，色彩鲜艳，图案完整，是研究明代家族墓葬制度、艺术及断代的难得资料。

李柏墓

李柏（1630—1700），字雪木，号太白山人，陕西眉县人，明末清初理学家，与李颙、李因笃并称"关中三李"。

李柏家境贫寒，9岁丧父，曾入酒家为佣。后入私塾读书，聪明非凡。17岁时，偶读朱子《小学》，见古人嘉行嘉言，认为自己真正发现了"道"，便焚去案头科举应试之文，发誓要向古人学习。后入太白山，读书十余年，生计颇为艰难，经常饥饿无食。但他安贫乐道，拒绝入仕做官，发愤读书，终成关中大儒。李柏朝夕吟诵，捡拾山中树叶记录下来，门人以其集曰《槲叶集》。

李柏墓在眉县汤峪镇屯庄东，地势平坦。现存墓冢高仅2米，占地面积200多平方米。墓前有石碑1块，上书"太白山李氏雪木先生之墓"。李柏墓于1956年被列为陕西省重点文物保护单位。

李因笃墓

李因笃（1631—1692），字天生，又字子德，陕西省富平县人。他自幼聪敏，博学强记，遍读经史诸子，精通音律，长于诗词，是明清之际著名思想家、教育家、音韵学家、诗人。明王朝被李自成起义军推翻，李因笃闭门读书，专心研究理学，后以文章闻名。清康熙年间，被荐为博学鸿儒一等，曾参与撰修《明史》，后以母亲年老需要赡养，辞官不复出。与清初关中学者李颙、李柏并称"关中三李"。曾著有《诗说》《春秋说》《受祺堂文集》等。李因笃在经学方面很有研究，他崇尚程朱理学，主张"经世致用"，有清代学者认为可与顾炎武齐名。李因笃墓位于富平县薛镇南堡村、韩家村明月山下。尚存李氏墓碑及部分石刻。1958年"大跃进"时期，封土被夷为耕地，墓园石刻已毁，所幸墓室未被发掘。墓地面积约100多平方米。

王鼎墓

王鼎（1768—1842），字定九，号省崖，陕西蒲城人。王鼎少时家贫，他勤奋好学，志存高远。历经乾隆、嘉庆、道光三朝；历任吏、户、礼、刑、工各部侍郎、尚书，河南巡抚，直隶总督等职；官至大学士。王鼎为官清廉，重气节。在禁烟问题上，他竭力主战，反对投降。鸦片战争爆发后，清政府为了平息战事，把禁烟有功的林则徐发配到伊犁。王鼎挺身而出，竭力为林则徐鸣屈伸冤。正值河南开封黄河决口，王鼎以林则徐熟悉河工为由，奏请朝廷留用林则徐襄助河工。治河竣工后，又奏请任林则徐为河督。然而，道光皇帝惧怕洋人，仍坚持将林则徐发往新疆。王鼎治水回京后，痛陈议和投降之危害，力主抗战，但是道光皇帝对王鼎屡谏不从，王鼎愤然草拟遗书，疾呼"条约不可轻许，恶例不可轻开，穆不可任，林不可弃也"，并将遗书置于怀中，闭户自缢，"冀以尸谏回天听"，享年75岁。

王鼎墓位于陕西省蒲城县三合乡忽家村西北约100米。墓葬保存较好，东、西、北三面围砖墙。墓冢占地面积3平方米，高1.5米。封土堆外围有一圈砖砌墙，高0.6米，用以保护封土堆。墓碑高245厘米，宽93厘米，厚18厘米。碑额题繁体字"中华"两字，碑文右首为"清军机大臣东阁大学士"，正中为"爱国名相文恪公王鼎之墓"，中间饰莲花图案，碑座宽105厘米，高50厘米，厚68厘米。

后记

几千年来，在西安这片神奇的土地上，涌现出多少帝王将相，多少英雄豪杰，多少文人墨客……他们一个个闪亮登场，又一个个从容谢幕，或浓墨重彩，或轻描淡写，共同绘成了一部精彩的历史画卷。然而，一切又都将失去，消失在历史里，正所谓人间多少事，几度夕阳红。不过，历史并没有将他们忘记，一个个墓冢：高的、低的、覆斗型的、圆锥状的，浓缩了几千年的历史；一组组石刻：华表、翁仲、翼马、走兽，铭记着墓主人的功德；一件件精美的随葬品：瓷器、玉器、金银器，彰显着每一个时代的风貌。他们共同为这些历史的主人留下了宝贵的记忆，又好像一个个密码，等待后人辨认和解读。穿越时空，我们从几千年前的黄帝时期，一直到上个世纪的清朝，选取了100多座有代表性的陵墓，努力追寻这片土地上曾经的主人，寻找往日的辉煌。

中国古代墓葬的形制、葬具、礼仪等基本墓葬制度起源于原始社会，长安作为中国古代建都最长的城市，保留了大量的陵墓。这些陵墓规模宏大，建筑宏伟，工艺精湛，在中国乃至世界上都很独特。黄帝陵、秦始皇陵、西汉十一陵、唐十八陵等几十座帝陵以关中为中心，散布在西安市的周围，以致俗语说"陕西的黄土埋皇上"。卫青墓、霍去病墓、永乐公主墓、懿德太子墓等无以数计的陪葬墓如众星捧月，散落在帝陵的周围，使一座座帝陵看上去更加宏伟壮观，明代秦藩王墓、颜氏家族墓、吕氏家族墓、杜氏家族墓等，为研究家族史提供了重要的史料。

最受人瞩目的还是周秦汉唐等王朝的帝王陵墓，它们大多分布在渭水北岸的咸阳原上，陵墓的建筑特点也随着时代的发展发生了重大的变化。西周时期的陵墓是"不封不树"的，也就是在墓葬之上既不设封土也不种植树木。从秦献公开始，秦陵开始出现封土，而且越筑越大，到秦始皇陵，将其发展到极致。西汉帝陵一般筑有高大的覆斗形夯土坟丘，以汉武帝茂陵最大，陵墓形制为"亚"字形，流行厚葬。唐代帝陵多因山为陵，即利用山势，将玄宫开凿于山峰南面的山腰上，前面有一条长墓道，气势十分宏伟，建筑布局严谨。

唐代以后，随着政治经济中心的转移，长安的历史地位也发生了重大的变化，西安地区有代表性的陵墓与前代相比逐渐减少。

在本书的写作中，我时刻体会到与历史对话所带来的享受，每一个夜晚，我都带着敬畏之心去追寻历史，这也带给我无数的收获与快乐。但是自己水平有限，书中存在失误在所难免，敬请读者谅解！特别感谢主编杜文玉先生和编辑范婷婷、邢美芳女士，本书顺利出版，离不开你们的信任与支持！

王丽梅

2017 年 11 月 2 日